「AI时代」青少年媒介素养

李晓鹏 著

红旗出版社

目录

CONTENTS

引 言

AI时代，上好媒介素养这门必修课

在讨论“媒介素养”的时候，我们先来了解媒介，这样才能明白媒介素养的重要性。媒介作为一种技术，深刻地与人类文明发展历史交织在了一起。历史上，人类每一次在媒介领域取得突破，都需要与之相匹配的媒介素养，在此基础上才能形成新的文明形态。因此，当人工智能[①]作为一种最新的媒介技术出现的时候，提升相应的媒介素养就变成了每个人的必修课。

1. 什么是媒介?

从广义上来说，媒介是指传播信息的介质或工具。简单地讲，凡是能使人与人、人与事物或事物与事物之间产生联系或发生关系的事物，都可以被看作是媒介。在今天这个时代，手机已经成为最为经典的媒介，只要讨论到“媒介”这个词，手机就是当之无愧的代表。我们把“手机”及其能够提供的功能拆开来讲，就会发现媒介具有以下五种功能。

第一，媒介是信息的感应器。这时候，媒介就像一个侦察兵，可以帮助人们了解和感知周围世界的信息，告诉大家周围发生了什么，正在发生什么，等等，让我们人类

① 人工智能，依据《辞海》，指“研究、开发用于模拟、延伸和扩展人的智能的理论、方法、技术及应用系统的技术科学”。英文 Artificial Intelligence，缩写为 AI，本书用 AI 与人工智能来相互指称。

能够了解所处的环境。在手机上，摄像头、传感器、定位系统等，发挥的就是此类作用。

第二，媒介是信息的处理器。感应器能够看到、听到信息，但不一定能够理解这些信息。人们有时需要把那些收集到的信息转换成人类能够理解，并且方便进行传输的内容。比如说当人们第一次走出丛林，在野外看到一头大灰狼的时候，需要对“大灰狼”这一形象进行描述，并且记录下来，让更多的人知道这是一种危险的动物。这个过程就是利用媒介对信息进行处理的过程。在手机上，芯片、操作系统等发挥的就是对信息进行处理的功能。

第三，媒介是信息的连接器。这时候，媒介就像一张网。人类是群体性物种，除了个体对信息的感知外，还需要把各种信息从一个地方传递到另一个地方，从一个人传递到另一个人，这样才能把有共同信息需求的人连接在一起，编织出各种各样的人类共同体网络。比如说最近几十年发展最为迅猛的互联网，就是最大的连接器，以手机、电脑、智能设备等为终端，消弭了时间和空间的间隔，把全球真正连接成了一个巨大的地球村。

第四，媒介是信息的表达器。这时候，媒介就像大喇叭，是用来传递信息的，人类利用媒介，可以实现相互之间的交流，这就是媒介表达。对媒介的利用越来越多，也就产生了越来越丰富的媒介表现形态，文字、音频、视频等逐渐出现。在手机上，更多以编辑、写作、拍摄、录音等创作功能体现出来。

第五，媒介是信息的存储器。这时候，媒介发挥的作用就像记录员，负责把人类信息活动所产生的内容记录和保存下来。人类最早的信息存储器是大脑，人们用大脑进行记录，但人的记忆力是有限的，于是人们开始用外在的工具或者物品进行记录，比如人们利用结绳来记事，或在山洞岩壁上画画，用在龟甲、兽骨、石头上刻字等方式来储存信息。闻名于世的西班牙阿尔塔米拉洞窟，一万多年以前，马格德林人在此创作了岩洞壁画，记录了当时人们的狩猎生活与自然信仰等，堪称人类最早的“信息存储设备”之一。后来，随着技术的进步，人类从自然中取材变得越来越精细，越来越富有创造性，数千年以来，埃及的莎草纸，游牧民族的羊皮，中国的竹简、丝绸、人造纸等都是人类储存信息的物质载体。直到现在，人们普遍使用的软盘、硬盘、U 盘，以及手机上的芯片内存、存储卡等，都是将信息数字化之后进行存储。由此可见，人类所使用的存储媒介，正在朝着容量越来越大、成本越来越低的方向发展。

总结来说，凡是能够帮助人类获取信息、处理信息、传播信息、表达信息以及存储信息的工具或者载体，都可以称为媒介。

从这个定义可以看出，媒介与人类社会有着极为密切的关系：媒介决定了我们能够得到怎样的信息，得到信息之后如何理解信息，理解信息之后如何传播信息，以及如何存储信息、利用信息。从信息的角度看，媒介塑造了人，影响了人类社会，推动了技术的进步，媒介最终决定了我们如何看待所处的周围环境，如何认识自然与社会，形成价值观、世界观和人生观。

2. 媒介发展与人类文明

回望人类社会，很难想象一个没有媒介的世界会是什么样。如果缺少了媒介的参与，人类就不会发展成今天这个样子。因此，为了更好地理解我们当前所处的时代，有必要在这里简要地回顾一下媒介发展的历史。这段历史不仅记录了技术的进步，也反映了媒介与人类发展之间的共生关系。

首先，我们有身体媒介，这是人类最早使用的传播方式，人们通过肢体语言和声音来传递信息。想象一下，在远古时代，人们围坐在篝火旁，通过手势和口述来分享故事和知识，这种原始的交流方式奠定了人类社会沟通的基础。紧接着，文字媒介出现了，标志着人类文明的一大进步，它使得信息能够跨越时间和空间被记录和传播。比如古埃及的象形文字、中国的甲骨文、希腊字母和拉丁文，文字媒介的发展不仅促进了知识的存储与传播，也推动了文明的交流与融合。

中国古代流传有“仓颉造字”的神话，传说仓颉是伏羲的记事官，他模仿鸟的足迹创造了字的笔画，发明了汉字。从身体媒介到文字媒介，这是一次非常了不起的进步，标志着人类从依赖自然媒介发展到创造并使用人造媒介的重要阶段，而文字媒介的产生也是人类从原始社会迈向文明社会的重要特征之一。文字媒介被认识文字的人所掌握，在中国古代，文字媒介主要由掌握这种识读能力的士大夫和贵族阶层所掌控，他们构成了社会的统治阶级。

印刷媒介的发明极大地促进了知识的普及和文化的传播，书籍和报纸成为人们获取信息的重要渠道。中国很早就有了雕版印刷技术，早在东汉时期，有人就把竖立在太学门前的儒家经典石碑上的内容用拓印的方式记录了下来，并在士大夫阶层中进行售卖。经过唐宋两代的努力，雕版印刷已经变得十分发达，其制品有经卷、书籍、邸报、小报等各种形式。现存最早的雕版印刷品是在敦煌莫高窟藏经洞内发现的《金刚经》，刻印于唐代咸通九年（868 年），被誉为“世界印刷史和版画艺术的冠冕”，比欧洲最早的雕版印刷品《圣克利斯道夫》（1423 年）早 500 多年。

雕版印刷存在制作周期长、成本高、工艺烦琐、技术复杂等缺点。雕版印刷品价格昂贵，只能在有一定经济地位的阶层中流通，极大地影响了知识的普及。根据沈括《梦溪笔谈》的记载，毕昇在北宋庆历年间（1041—1048 年）发明了泥活字印刷术。但铜、铅活字印刷相对于汉字来说成本过高，耗资巨大。清代曾经用铜活字印刷《钦定古今图书集成》，需铸造 25 万枚铜活字。

印刷术通过丝绸之路传到了西方，直到 15 世纪中叶，德国人约翰·古登堡发明了活字印刷机，解决了关键性的铅活字和油墨等技术问题，具有灵活组合和近乎无限制的重复印刷的优点，使得书籍的出版变得快速而经济，人们获得知识的门槛极大地降低了，直接推动了文艺复兴和宗教改革的进程。从活字印刷到高速轮转印刷再到彩色印刷，印刷媒介技术的发展改变了信息传播的方式，打破了信息垄断，使得书籍、报纸等得以大规模复制、传播，成为信息传播和文化传承的重要载体，推动了现代社会公共生活的形成，也推动了现代文明的发展。

进入 20 世纪，电子媒介的兴起，让信息传播变得更加迅速和广泛，极大地影响了人们的生活方式。广播剧和电视新闻成了家庭娱乐和获取时事的主要方式，同时也成了塑造公众意见的重要工具。电子媒介，指的就是广播和电视等以电子信号为载体，通过无线电波或导线传输声音、图像等信息，实现远距离、即时性的大众传播，是人类进入20世纪之后的伟大发明。

电子媒介的出现，使得人类文明进入了加速发展阶段。19世纪，德国物理学家赫兹通过实验证实了麦克斯韦关于电磁波存在的预言，为无线电通信奠定了基础。1895年，意大利人马可尼和俄国人波波夫分别发明了无线电报。1876年，美国发明家贝尔发明了电话，推动了有线声讯传播。1906年，加拿大发明家费森登成功通过无线电波传送人声与音乐，这被视为广播技术的起点。

1920年11月2日，美国匹兹堡的KDKA电台开播，成为世界上首个合法广播电台，标志着广播事业的开始。1923年，上海出现了首个广播电台，由当时旅居中国的美国人奥斯邦创办；1926年，哈尔滨广播无线电台成为中国人自主创办的第一座电台。1938年，哥伦比亚广播公司（CBS）制作播出科幻广播剧《世界大战》，因过于逼真，导致听众误以为真的发生了外星人入侵事件，全美上百万人开着汽车仓皇出逃。此次事件凸显了广播的传播威力、传媒的影响力，也揭示了媒介对人类社会的深刻影响。

此外，广播的即时性在战争中发挥了关键作用，证明了媒介深刻地影响着人类社会。1940 年，英国广播公司（BBC）通过广播向民众直播战况，丘吉尔、罗斯福等通过广播发表反法西斯动员演讲。1940 年成立的延安新华广播电台，用短波向全国传递抗日信息，成为敌后战场的重要精神支柱，向世人展示中华民族不屈的战斗意志。

电视的崛起则开启了视觉传播的新纪元。1925 年，苏格兰发明家约翰·洛吉·贝尔德成功完成了电视画面的传送和接收实验。1936 年，英国广播公司（BBC）在伦敦郊外的亚历山大宫播出了世界上第一套定期播出的黑白电视节目。到了 20 世纪 50 年代，电视在美国迅速普及，走进了美国的千家万户。1954 年，美国全国广播公司（NBC）播出了首场彩色电视棒球比赛，观众第一次从电视画面中看到了色彩鲜艳的球衣和绿茵场。一家人围坐在电视机前，一起观看节目，成了新的家庭娱乐方式。电视新闻也逐渐取代报纸，成为人们获取时事的主要途径，更是重塑了公众对现实的认知。

1963 年，哥伦比亚广播公司（CBS）连续四天直播报道美国总统肯尼迪遇刺事件，电视直播这种“即时见证历史”的能力彻底改变了新闻业。1969 年，全球约有 6 亿人通过电视直播观看了“阿波罗 11 号”登月，宇航员阿姆斯特朗的“一小步”通过电视信号跨越38万公里，成为人类历史上最重大的媒介事件之一。

数字媒介的出现彻底改变了信息的存储、处理和传播方式，互联网和移动设备的普及让信息传播达到了前所未有的速度和规模。社交媒体平台的兴起，不仅改变了人们的交流习惯，也重新定义了新闻、娱乐和商业的运作模式。

1946年，世界上第一台通用电子数字计算机“埃尼阿克”（ENIAC）问世，尽管它体积庞大，运算速度相对如今的计算机来说比较缓慢，但它开启了人类利用计算机将信息进行数字化处理的新纪元。随后，计算机技术不断迭代，从晶体管计算机到集成电路计算机，再到大规模集成电路计算机，计算机性能大幅提升，为后续互联网的发展提供了硬件基础。

20世纪60年代末，美国国防部高级研究计划局（ARPA）建立了阿帕网（ARPANET），这是互联网的雏形，实现了计算机之间的远程通信。到了20世纪90年代，互联网开始向公众普及。1991年，万维网（WWW）诞生，网页浏览器的出现让人们能够轻松访问网络。早期的新闻网站开始涌现，人们不再局限于通过报纸、电视获取新闻，而是通过网络，第一时间了解全球动态。雅虎、美国在线等互联网先驱，为用户提供了新闻聚合、电子邮箱等服务，开启了数字信息时代的大门。

1986 年 8 月 25 日，瑞士日内瓦时间 4 点 11 分，北京时间 11 点 11 分，时任中国科学院高能物理研究所 ALEPH 组组长的吴为民，从北京 710 所的 IBM-PC 机上给位于瑞士日内瓦的欧洲核子研究中心的诺贝尔奖获得者斯坦伯格发送了一封电子邮件，这是中国第一封国际电子邮件。1994 年 4 月 20 日，中关村地区教育与科研示范网络（NCFC）工程通过美国 Sprint 公司连入 Internet 的 64K 国际专线开通，实现了与 Internet 的全功能连接，标志着中国正式接入互联网。

此后，中国互联网发展迅猛，新浪、网易等门户网站，百度、搜狗等搜索引擎，天猫、京东等电子商务网站，微博、微信等社交媒体蓬勃发展……短短二三十年的时间里，中国搭上了世界信息技术革命的快车，互联网行业异军突起。

随着移动设备的发展，尤其是智能手机的普及，数字媒介迎来新的飞跃。苹果公司在 2007 年推出第一代 iPhone，提供了应用安装、触控屏幕、便捷上网等功能，让人们随时随地获取信息成为可能。在中国，以华为、小米为代表的国产智能手机崛起，不仅在国内市场占据重要份额，还走向国际市场，推动了移动互联网在全球的普及。

社交媒体平台等迅速崛起，改变了人们的社交和信息传播方式。微博、微信、抖音、快手等社交媒体成为热点信息传播、事件发酵的重要平台，许多社会热点事件通过社交媒体迅速扩散，引发全民关注与讨论。

数字媒介对人类生活产生了深远影响。在新闻领域，传统报业受到冲击，数字化新闻媒体蓬勃发展，如浙江日报报业集团创办的潮新闻客户端，就以即时报道、深度分析和互动评论吸引大量用户，进行融合传播，传递权威声音，不断扩大影响力。在娱乐方面，国内的腾讯音乐、爱奇艺等平台凭借丰富的版权内容和多样的增值服务，满足了国内用户的娱乐需求，改变了人们的娱乐消费习惯，用户可以根据自己的喜好选择内容。在商业领域，电商平台如淘宝、拼多多颠覆了传统的商业模式，创造了新的商业生态，带动了中国电商行业的繁荣，“双 11”购物狂欢节更是成为全球瞩目的商业盛事。

展望未来，数字媒介将在 AI、下一代通信、虚拟现实、区块链、云计算等技术的驱动下，在新闻报道、媒介运营、产业发展、个人赋能等方面不断推动社会变革，继续深刻地塑造人类的未来生活。

3.AI 时代对媒介素养提出新要求

当今社会是一个高度媒介化的社会，人类因此进入媒介化生存的状态之中，媒介素养业已成为最重要的基本素养，甚至有学者将其称为“媒商”，与“情商”“智商”并列。

事实也确实如此。在人类的媒体实践中，人类通过使用和接触媒介，来了解自身与社会、自然的状况，形成关于自我以及对社会、自然的认识体系。可以说，正确掌握媒介工具，合理使用媒介，有助于公众更好地形成自我认知，参与社会公共事务。而随着媒介技术越来越深入发展，公众能够接触和使用的媒体平台也越来越多，了解信息以及发表观点也越来越便捷，使用媒介的能力得到前所未有的强化……与此同时，公众所具备的媒介素养并未与之匹配，甚至产生了一系列所谓“后真相”时代的社会问题。我们所熟知的信息茧房、网络谣言、网络暴力、电信诈骗、游戏沉迷等诸多现象，究其本源，均与媒介素养息息相关。我们认为，社会风气的变化，是建构在公众的媒介素养之上的，每一位公民，无论是政府或企业的领导、发言人，还是普通公民，都应当通过各种方式提升媒介素养。

媒介素养的思想始于 1933 年。英国文学批评家 F.R. 利维斯与学生丹尼斯·汤普森在《文化和环境：批判意识的培养》中，首次系统地警示大众传媒对文化生态的冲击。当时，电影、广播等新兴媒介正将标准化的商业文化推向大众，传统文学的审美深度与价值多元性面临消解的风险。利维斯学派提出，需通过教育培养公众对媒介内容的“甄别力”，以抵御商业文化对智识独立性的侵蚀。

媒介素养早期理论带有鲜明的“防御性”色彩，其核心是强调人要对抗媒介所带来的负面影响。直到20世纪60年代，随着电视媒介的普及，媒介素养的关注点才从“保护文化”转向“赋能公众”。加拿大传播学学者马歇尔·麦克卢汉提出“媒介即讯息”，强调媒介形式对人类认知的塑造作用，促使学界意识到：公众不仅需要批判媒介内容，更需理解媒介技术本身的运行逻辑。

1992年，美国媒介素养研究中心（CML）发布里程碑式报告《媒介素养：美国的核心课程》，将媒介素养定义为“个体面对媒介信息时的选择、理解、质疑、评估、创造和思辨能力”。一般来说，所谓媒介素养，应该包括对社会舆论环境的高度敏感，对信息真伪的基本判断，对媒介基本知识的了解，对媒介信息意义和价值的深刻认知，对如何使用媒介以创造和传播信息的知识和技巧的培养等方面的素养，是现代社会公民素质不可或缺的一部分。

随着人类加速进入数字媒体和人工智能时代，联合国教科文组织将媒介素养定位为“数字时代的公民核心素养”，其内涵已超越个体能力范畴，扩展至社会信息生态的治理层面：

在个体层面，媒介素养是抵御信息过载与认知异化的“免疫系统”。面对日均产生 2.5 亿条推文的社交媒体，具备媒介素养的个体能够建立信息选择机制，避免注意力碎片化；在 AI 生成内容泛滥的语境下，能运用媒介工具识别虚假信息。

在社会层面，媒介素养构成数字治理的基石。公众应当具备算法批判能力，对“算法黑箱”和“信息茧房”保持警惕，在 AI 生成内容越来越多的信息环境中，保持独立思考能力，防止大脑被操控。

在文明层面，媒介素养承载着技术伦理的重构使命。媒介素养要求个体不仅是技术的使用者，更需成为技术伦理的守护者，确保技术发展符合人类共同价值。

媒介素养的进化史本质上是人类与技术共同发展的历史，每一代媒介技术的出现，都会经历“技术批判、技术适应、技术共生”三个阶段。在人工智能生成内容（AIGC）重塑内容生产的今天，媒介素养的核心诉求已经从对抗和防御转变为理解和认知，并在这一进程中坚守人类的独特价值——批判性思考的能力、情感共鸣的温度、价值判断的勇气。具体来讲，笔者综合各家观点，认为AI时代的媒介素养，应当包括认知、安全、批判、应用与伦理等方面：

第一，媒介认知水平。在传统媒介时代，媒介素养首先应当包括对各种媒介的性质、特点、功能及运作机制的了解。要明白什么是主流媒体，自媒体和主流媒体有什么区别，在多种信源的情况下选择相信何种媒体。知道不同媒介如电视、报纸、网络、客户端、社交媒体等有着各自独特的历史、传播方式和特点。了解媒介在社会中的作用，如传播信息、引导舆论、传承文化等。一定程度上知道传统媒介如何采集、编辑和传播信息，能帮助人们更好地理解信息的来源和本质，从而更准确地接收和解读媒介所传达的内容，特别是能够认识到媒介对于社会舆论的重要作用。

在AI时代，媒介认知水平则应拓展至充分认识智能媒介运作的逻辑。一方面，要了解AI驱动的内容生产模式，如AI写作工具能快速生成新闻、小说等，AI绘画软件可创作艺术作品，但这些内容可能存在事实偏差、创作同质化等问题。另一方面，需熟悉算法推荐机制，像短视频平台基于用户行为数据推送内容，容易形成“信息茧房”。同时，要明白AI在媒介传播中的角色，例如智能客服、虚拟主播等新型媒介交互形式，只有清晰认知这些变化，才能在AI

时代更为复杂的媒介环境中掌握信息获取、传播与创造的方式，理解信息的本质。

第二，媒介安全意识。在 AI 出现之前的媒介安全意识，主要是对媒介使用过程中可能存在的各种风险有清晰的认识，并采取相应的措施保护自己。在网络环境中，个人信息容易被泄露，注册账号时填写的姓名、身份证号码等可能被不法分子利用，导致诈骗等问题。此外，还存在网络暴力、不良信息侵蚀等风险，比如一些暴力、色情信息可能会对人的心理产生不良影响。所以，要学会保护个人隐私，不随意在不可信的平台透露敏感信息，同时提高对不良信息的警惕性，避免受到其侵害。

AI 技术的普及则进一步加剧了媒介安全风险。深度伪造技术可生成逼真的虚假视频、音频，用于身份冒用或谣言传播；AI 算法也可能被恶意利用，泄露用户隐私数据。传统媒介安全问题如个人信息泄露依然存在，且因 AI 的数据处理能力而变得更复杂。因此，需增强对 AI 安全风险的识别能力，例如学会辨别深度伪造内容的细节漏洞，谨慎授权 AI 工具访问个人数据，定期更新隐私设置，筑牢 AI 时代的安全防线。

第三，媒介批判思维。我们在“什么是媒介”中已经讨论过媒介的作用，简单来说，它就是人类认识和了解客观世界的窗口和工具。但工具只能是工具，人类要善于利用工具而不是被工具左右。因此，在使用媒介的时候，同样需要形成媒介批判思维，也就是对媒介信息进行理性分析和判断的能力。面对海量的媒介信息，不能盲目相信，要思考信息的真实性、准确性和客观性。比如，一些广告会夸大产品功效，诱导购买；媒体报道可能存在片面或不准确的情况；社交媒体上甚至流传谣言……具有媒介批判思维的人会从多个角度审视信息，分析其背后的利益诉求和潜在影响。通过批判性思考，能够辨别信息的真伪优劣，不被虚假信息所误导。

进入AI时代，面对AI生成的海量信息，媒介批判思维尤为重要。AI生成内容可能存在偏见、逻辑错误，甚至出现“AI幻觉”等情况，从而误导使用者。更值得警惕的是，社交媒体平台通过AI算法精准操控用户情绪——利用煽动性标题、碎片化信息流和成瘾性交互设计，不断刺激多巴胺分泌，使用户逐渐丧失理性判断与情绪自主的能力。为此，用户必须培养“双重批判”能力：既要保持理性认知批判，质疑信息真实性、合理性，分析AI训练数据是否存在偏差，算法是否受商业利益驱动等；也要保持情绪批判，警惕AI算法通过推送情绪化内容，强化用户固有认知，加固信息茧房，潜移默化中令人滋生不健康的情绪，如制造“社交焦虑”等。为此，面对 AI 生成的新闻，要核查事实依据；对于算法推荐的观点，要学会从多维度进行验证，避免盲目接受 AI 传递的片面信息等。AI 时代的媒介素养核心，正是以批判性思维穿透 AI 算法制造的迷雾，用理性思考抵御虚假信息、信息茧房等，始终保持思维独立与情绪自主。

第四，媒介应用技能。既然媒介是一种工具，善于运用媒介，就成为媒介素养的重要内容。媒介应用技能涵盖了使用各种媒介工具获取、处理和传播信息。比如，要具有熟练使用各种媒介技术来处理和传递信息，生成优质内容的能力，包括利用搜索引擎来准确查找所需信息，运用办公软件对信息进行整理和分析，或者利用慕课、网易云课堂等在线教育平台获取不同学科的优质课程资源，还能借助学术数据库查阅文献资料，提升深度学习的能力。在日常生活中，可以使用社交媒体等平台进行信息传播和交流，撰写吸引人的社交媒体文案、制作精美的图片或视频来表达观点等。善于运用媒介，提升媒介应用技能，可以使自己在媒介环境中更具主动性和创造性，更好地利用媒介实现个人价值和社会价值。

到了 AI 时代，则要求用户掌握更前沿的媒介应用技能。在学习层面，利用 AI 学习助手制订个性化的学习计划，借助翻译软件实现多语言知识获取等。在内容创作上，使用AI绘画、视频剪辑工具提升效率，但也要具备人工审核与优化的能力。同时，要熟练地与AI进行交互，精准提出需求，例如向AI语言模型提问时明确关键信息，合理评估AI生成内容的质量，并结合自身经验进行完善，实现人机协作的高效应用等。

第五，媒介的伦理意识。媒介的应用涵盖了运用媒介来获取、处理和传播信息三个方面，在这个过程中，媒介伦理意识应贯穿始终。在传统媒介理论中，媒介伦理意识聚焦于媒介机构和从业者在信息传播过程中遵循的道德规范与行为准则。首先，真实性是核心要求，传统媒体需确保新闻报道、信息发布基于客观事实，坚决杜绝虚构、夸大或歪曲内容，记者必须通过实地采访、多方求证等方式保障新闻的真实准确，避免虚假信息误导公众。其次，公正性贯穿媒介活动始终。传统媒体应在报道中保持中立立场，不偏袒任何一方，为不同观点提供平等表达的机会。以时政新闻报道为例，需全面呈现事件各方观点和立场，不因商业利益或政治倾向而选择性报道。再者，保护受众隐私也是重要内容。在涉及人物报道时，传统媒体要避免未经授权公开他人隐私信息，在犯罪新闻报道中，通常会隐去受害者真实姓名等敏感信息，防止对当事人造成二次伤害。此外，传统媒介伦理意识还强调社会责任，要求媒体传播积极健康的文化内容，抵制低俗、暴力、有害信息，通过优质内容引导社会舆论，弘扬社会正能量，促进社会和谐发展。

而随着 AI 技术的发展，过去需要复杂分工、专业技能、长时间投入才能完成的内容生产，几乎可以普及到每一个人。媒介伦理意识也不再仅仅是针对新闻工作者的要求，而是全体媒介参与者都需要提升的媒介素养。AI 生成内容可能侵犯他人知识产权，深度伪造技术可能损害个人名誉，算法偏见可能加剧社会不平等。用户在使用 AI 媒介时，应尊重版权，不随意盗用 AI 生成内容；传播信息前核实真伪，避免扩散虚假内容；关注算法公平性，抵制含有歧视性的 AI 产品。通过坚守媒介伦理，确保 AI 技术在合理、合法、合规的框架内服务于社会。

总之，正如我们一开始所说，必须进一步提升人们的媒介素养自觉意识，才能真正赋能个体在算法洪流中保持清醒的认知。AI 时代的到来，为人类提供了新机遇，提出了新挑战，为此，需要进一步提升普通人的媒介素养，在未来的人机协作中保持人的主体性和创造性，确保技术进步始终服务于个体的自由而全面的发展。

第一篇

AI 时代，开启媒介新纪元

一、AI小史：从图灵到生成式AI

历史上的伟大变革往往与一些看似微不足道的存在有关。300 多年前，一个掉落的苹果，触发了牛顿对万有引力的思考，从而发现了万有引力定律；1954 年，一个叫艾伦·麦席森·图灵的英国科学家，咬了口涂了氰化物的苹果，结束了自己传奇的一生。巧合的是，乔布斯所创办的科技帝国——苹果公司，其品牌标志就是缺了一口的苹果，到如今人工智能技术掀起了第四次工业革命浪潮。这颗承载着智慧与创新，也铭刻着为进步所付出的沉重代价的果实，恰如普罗米修斯盗取的火种，在人类文明的长河中不断点燃思想的火花，催生出一个又一个改变世界的科技革命。

1. 源起：天才科学家图灵

图灵，一位被世人公认为“计算机之父”与“人工智能之父”的天才，1912 年 6 月 23 日生于伦敦，从小就天资过人。1926 年进入英国著名的公学谢伯恩学校学习，中学期间就能够看懂当时被认为是“天书”的爱因斯坦相对论，后考入剑桥大学国王学院，开始对逻辑学产生兴趣。剑桥毕业后进入普林斯顿大学深造，第二年便获得了普林斯顿大学在数学和科学领域的重要资助——普罗科特奖学金。

1936 年，24 岁的图灵发表了一篇论文《论可计算数及其在判定问题上的应用》。为了解决数学上的“判定问题”（是否存在一种通用方法能判断所有数学命题的真假），他构想了一台理论上的机器——图灵机（Turing Machine），提出了计算机的基本原理。

根据图灵的设计，这台机器的结构应该是异常简单的：一条无限长的纸带、一个读写头和一套状态规则。纸带被划分为小格，每格记录一个符号（如 0 或 1）；读写头根据当前状态和读取的符号，决定移动方向或修改符号。尽管听上去很抽象，实际上却包括了数据输入、数据计算和应用程序等现代计算机的基本结构。通过这台计算机，图灵证明了：任何能用算法解决的问题，都可以通过这台机器完成计算。

图灵机的构想在当时具有革命性意义，它首次明确了“可计算”的数学定义，划定了计算机能力的边界，同时揭示了通用计算机的可能性——机器负责运算程序，只需改变程序（状态规则），同一台机器就能解决不同的问题，这为后来电子计算机的诞生提供了理论支撑。

1945 年，冯·诺依曼设计第一台现代计算机 EDVAC 时，其核心架构便深受图灵机启发。可以说，没有图灵机的奠基，就不会有今天的计算机，更不会有依托计算机发展的人工智能。

第二次世界大战期间，图灵的聪明才智在秘密战线上大放异彩，创造了传奇。他的主要任务就是为英国军方破解德国“恩尼格玛”密码系统。这套系统为德军通信系统所传递的信息进行自动加密，德国人非常自信，认为“恩尼格玛”不可能被破解。英国组建了几千人的数学家、工程师团队进行破解，但收效甚微。

图灵加入之后，很快就设计出代号“炸弹”的破译机，成功破解德军信号。当德军意识到密码被破译之后，立刻推出了更为先进的“金枪鱼”系统，但依然被图灵破解。整个“二战”期间，依靠图灵发明的机器和算法，盟军破解了成千上万条德军的机密通信，获得了大量军事情报，准确捕捉到北大西洋上U型潜艇的位置，据说甚至可以知道希特勒早餐吃了什么。图灵为世界反法西斯战争胜利作出了卓越贡献，丘吉尔对图灵的工作大加赞许，评价：“因为图灵的努力，战争得以提前两年结束。”

2. 孕育：从图灵测试到人工智能

战争结束后，图灵重新回到科学领域，继续研究计算机和人工智能。1950年，图灵在论文《计算机器与智能》

中提出了一个颠覆性的问题：“机器能思考吗？”

这个问题很不好回答，什么是“思考”呢？那是公说公有理，婆说婆有理，几乎每个人都会有自己的看法。为了避免陷入对“思考”定义的争论，他设计了一个巧妙的实验——图灵测试（Turing Test）。这个设计堪称天才。

图灵测试的实验过程类似于“双盲测试”：测试通过文字问答进行，测试者在一个房间里提问，在另外一个房间里，一台计算机和另一个人分别进行回答，测试者并不知道回答问题的是人还是机器。测试时长通常为 5 分钟，如果机器能回答测试者提出的一系列问题，并且超过 30% 的回答让测试者误认为是人类所答，则计算机通过测试。图灵预言，到 2000 年，计算机将在 5 分钟测试中以超过 30% 的概率骗过测试者。2014 年 6 月 7 日是图灵逝世 60 周年纪念日。这一天，在英国皇家学会举行的“图灵测试”大会上，聊天程序“尤金·古斯特曼”首次通过了图灵测试。

图灵测试的意义远超寻常的科学实验。它首次将“智能”的标准从抽象概念转化为可操作的行为判断，即智能的表现形式可以是外在的互动能力，而非内在的意识。这一思想直接推动了人工智能研究从哲学思辨走向工程实践。

在这篇论文中，图灵还提出了许多决定人工智能发展思路的观念：比如“机器学习”，他提出机器可以通过“教育”而非预设程序来学习，甚至设想了“儿童机器”——像人类婴儿一样通过试错和经验积累知识，这简直就是现在机器深度学习技术的雏形；比如“神经网络”，图灵认为，大脑的智能可能源于“非结构化”的神经网络，这一观点启发了后来人工神经网络技术的研究，奠定了今天 AI 技术的基础；他甚至坚信机器可以具备创造力和直觉，以国际象棋为例，认为计算机终将击败人类。事实上，1997 年 IBM 的深蓝计算机击败国际象棋世界冠军卡斯帕罗夫，以及 2016 年谷歌的 AlphaGo 击败围棋世界冠军李世石，都印证了这一预言。

尽管创造了如此辉煌的成就，图灵的人生却充满了悲剧色彩，但他的科学遗产却越发闪耀。在全球顶尖科技公司以及几乎所有的计算机和 AI 实验室里，图灵的照片常被悬挂在最醒目的位置，在每年 6 月 23 日的“图灵诞辰纪念日”，世界多地举办活动纪念他的贡献……1966 年，计算机学界最高荣誉“图灵奖”设立，被誉为“计算机界的诺贝尔奖”。历届得主中，包括提升神经网络反向传播算法的杰弗里·辛顿、开创卷积神经网络的杨立昆等人，他们的研究推动了深度学习革命，延续着图灵的思想血脉。

3. 进化：人工智能跨入生成式 AI 时代

图灵正式打开了人工智能领域的大门。然而，人类并非一开始就意识到人工智能的重要性，人工智能研究和应用发展也并非一帆风顺，有低谷和高峰，从 1950 年到 2025 年，人工智能的发展可以分为 4 个阶段。

第一阶段，萌芽期（1950—1970 年）：从哲学思辨到学科诞生。1950 年，图灵的观点激发了科学界的想象力，并在 6 年后迎来历史性突破：1956 年，一群才华横溢的青年科学家聚集在美国达特茅斯学院，召开了人类历史上第一次关于人工智能的会议，史称“达特茅斯会议”。会上，约翰·麦卡锡等人正式提出“人工智能”概念，标志着这一学科的诞生。早期的 AI 程序，如逻辑定理证明器和聊天机器人 ELIZA，通过预设规则模拟人类对话与推理，迈出了 AI 探索的第一步。

然而，受限于计算机性能和理论认知水平，AI 在 20 世纪 70 年代陷入第一次寒冬。科学家们发明了人工智能第一代“专家系统”，虽在医疗、化学等领域初显身手，但其依赖人工的局限性暴露无遗，根本无法自主处理复杂的应用场景，于是相关机构给予的资助锐减，研究陷入停滞。

第二阶段，复兴与突破（1980—2010 年）：从规则驱动到机器学习。20 世纪 80 年代，AI 迎来短暂复兴。专家系统被企业用于商业决策支持，而日本启动的“第五代计算机计划”则试图通过巨型数据库赋予机器常识。与此同时，连接主义学派（又称“仿生学派”）崛起，人工神经网络开始模仿人脑的运作模式，为后来的深度学习技术发展埋下伏笔。

1997 年，IBM 深蓝计算机击败国际象棋世界冠军卡斯帕罗夫，成为 AI 史上的里程碑事件。这一胜利不仅验证了机器在特定领域的某些超越人类的能力，更揭示了数据与算法结合的巨大潜力。2006 年，杰弗里·辛顿提出深度学习理论，开启了 AI 从“人工编写规则”向“自主特征提取”的范式转变。

第三阶段，深度学习时代（2010—2020 年）：从图像识别到人机博弈。2012 年，AlexNet 在 ImageNet 图像识别竞赛中以压倒性优势夺冠，深度学习正式登上历史舞台。这一技术的突破推动 AI 在视觉、语音、自然语言处理等领域全面发展。2016 年，AlphaGo 战胜围棋世界冠军李世石，在对弈中下出了“神之一手”，展现出超越人类直觉的决策能力。2017 年，Transformer 架构问世，彻底改变了自然语言处理的游戏规则。AI 从实验室走向产业应用，传统互联网产业遭到巨大冲击，人类正式进入 AI 时代。

第四阶段，大模型与生成式 AI（Generative AI）阶段

（2020—2025 年）：从工具到伙伴。2020 年，GPT-3 横空出世，以 1750 亿参数的规模，实现了接近人类的文本生成能力，一下子点燃了整个 AI 领域。生成式 AI 正以惊人的发展速度和前所未有的能力席卷全球，实现在更多领域的普及。这类大语言模型不仅能流畅对话，还可编写代码、创作诗歌，甚至能通过司法考试。2024 年，多模态大模型实现了文本、图像、视频的跨模态生成技术，AI 开始具备"通感"能力，可以看图说话、听音作画，真正实现了多感官整体性融合。

2025 年，DeepSeek App 正式上线，它的创新架构使 AI 技术首次具备大规模普及的可能。DeepSeek 采用三大核心技术：第一是高效稀疏计算，将算力需求降低 80%，让普通设备也能运行大模型；第二是模块化设计，支持灵活组合不同功能模块，满足个性化需求；第三是知识蒸馏技术，让小模型也能具备 90% 以上的大模型性能。这些创新让 AI 应用成本降低至原来的十分之一。

自此，AI 的商业化运用正式启动，智能体（AI Agent）渗透至生产生活的各个场景。在教育领域，AI 可以 24 小时个性化辅导学生；在医疗领域，AI 辅助诊断准确率超过 90%；在创意领域，AI 能快速生成高质量文案和设计。据统计，2025 年，全球已有超过 20 亿人日常使用 AI 服务。

AI 正以前所未有的深度和广度影响着人类社会。

目前，AI 前沿技术正在朝两大方向发展，一是“具身智能”，使机器人通过多模态感知实现与物理世界的交互，人类将拥有现实中的“人工智能分身”。二是“神经拟态计算”，让机器拥有能够模仿生物神经元的芯片，能效比传统架构提升千倍甚至更高，过去要花很长时间来处理的计算问题，将会在极短的时间内得到解决。计算能力的大大增强，将有可能使机器学会像人一样思考。

二、生成式AI正在改变世界

直到生成式 AI 的出现，AI 才真正开始参与到“创造”中。生成式 AI 不仅能理解信息，还能根据已有的数据生成新的内容——一篇文章、一幅插画、一段短视频，甚至一个虚拟世界。最重要的是，它的创作速度可以用“秒”来计算。你输入一个创意，AI 立刻帮你生成结果，这才是 AI 进化的关键时刻：它从一个“笨助手”变成了“创意伙伴”。

1. 为什么生成式 AI 这么强?

生成式 AI 的强大，离不开两个技术关键词：深度学习和大模型。

（1）深度学习

想象一下，如果有一个学生能不停学习，不吃饭、不睡觉、不走神，连续学上几年，能积累多少知识？AI 其实就是这样的“超级学霸”，但它的学习方式和人类的不太一样——它靠的是深度学习。

简单来说，深度学习就是 AI 通过大量数据训练自己，找到规律，并用这些规律去自主解决新问题。比如，AI 看了几百万张猫的照片，理解了猫长什么样，接着它就可以自己画一只猫，而且还能变换风格，画水墨画风格的猫、漫画风格的猫，甚至画一只你从没见过的，但一看就觉得“有点意思”的猫。

AI 不仅能学图像，还能学语言。ChatGPT 之所以能聊天，是因为它读过无数的文章、对话和故事，学会了人类的表达方式。DALL · E 能根据文字画画，是因为它“看”了成千上万张图片，并理解了文字描述和图像之间的关系。深度学习的强大之处就在于——无论是图像、文字，还是声音、代码，只要数据足够多，AI 都能学会其中的规律，并创造出新的东西。

目前，深度学习已经应用到各种领域，比如医疗影像识别、自动驾驶、智能翻译，甚至科学研究。AI在这些方面能做得越来越好，靠的正是它强大的学习能力。但这只是个开始——未来，AI会学得更快，理解得更深，甚至可能发展出全新的学习方法。

（2）大模型

AI的学习方式和人类有本质上的不同。人类可以用常识和经验推理，可以靠直觉判断，而AI只是数据驱动的模式匹配器。如果你给它的学习数据不全面，它就可能理解错。比如，如果AI只学过西方油画，它可能不会明白中国水墨画里“留白”意味着什么。如果训练数据里有偏见，AI可能会把这些偏见学进去，导致它的判断也变得不公正。所以，AI虽然强大，但它的学习质量很大程度上取决于人类提供的数据。

那么，这些大模型是怎么变得这么聪明的呢？其实，它们的“学习”过程就像是在超大规模的图书馆里泡了好几年，不断阅读和分析各种书籍、图片、音频、视频、代码……通过深度学习，它们理解了语言的逻辑、艺术的风格，甚至掌握了编程规则。所以，当你向AI提问时，它就像在脑海里翻阅一本超级百科全书，把最合适的信息整理出来，给你一个看起来合情合理的答案。

更厉害的是，大模型不仅能单打独斗，还能“多才多艺”地处理多个任务，比如有的 AI 既能分析文本，又能理解图片，甚至可以听声音、看视频，这种跨领域的能力让 AI 在越来越多的场景中大显身手。比如，你可能已经见过 AI 生成的短视频，那些流畅的画面、精准的配音，很多都是 AI 在幕后默默帮助的成果。

可以说，大模型的进化正在改变我们的创作方式。以前，我们需要自己写、自己画、自己剪辑，但现在，只要一个创意，AI 就能帮你完成大部分工作，人人都能成为创作者。这不仅让创意表达变得更加轻松，也让我们对未来的 AI 充满期待——或许有一天，AI 真的能成为你的最佳搭档，帮你实现一切天马行空的想法！

2. 让 AI 更聪明的两大技术

生成式 AI 之所以能创作出高质量的文本、图像，背后离不开两项核心技术：Transformer 模型和生成对抗网络（GAN）。它们一个擅长理解和生成语言，让 AI 的表达更加自然流畅；另一个擅长训练视觉内容，使 AI 的画作、照片甚至视频都能以假乱真。

（1）Transformer 模型：AI 如何“读懂”语言

Transformer 是支撑 ChatGPT 等大语言模型的核心技术，

专门用于处理文本信息。传统的AI在处理语言时，往往是按照固定模式填空，而Transformer的厉害之处在于，它能理解上下文，预测接下来的内容，使AI的表达更符合人类的思维方式。

比如，你让ChatGPT写一篇关于Z世代创意表达的文章，它不仅知道“Z世代”指的是新时代互联网“原住民”，还能结合流行文化趋势，比如短视频、meme（迷因）、二创等，给你写出一篇生动有趣的文章。甚至，如果你要求它用幽默的语气或学术的风格，它都能迅速调整，像一个经验丰富的写作者一样，准确把握语言的节奏和表达方式。

Transformer的另一个特点是高效的学习方式。它不像人类那样按顺序阅读，而是能够同时关注整篇文章，迅速理解不同句子之间的联系。这种“并行处理”的能力，让它能在极短时间内处理海量文本，远远超过传统的语言模型。

（2）生成对抗网络（GAN）：让AI自己“卷”自己

如果说Transformer是AI的大脑，那生成对抗网络（GAN）就是训练AI视觉创作能力的“魔法师”。它主要用于图像、音频、视频等内容的生成，让AI创造出既有创意又高度逼真的视觉作品。

GAN的工作原理有点特别，它利用两个AI相互竞争：

一个 AI（生成器）负责创作，比如它尝试画一只猫；另一个 AI（判别器）负责挑刺，判断这张图是不是“真的猫”。

一开始，生成器的作品可能很粗糙，但随着判别器不断挑出问题，生成器也在快速改进，直到最终生成的猫的图像足够逼真，连人类都难以分辨是否为 AI 所创作。这种训练方式让 AI 在图像、音频甚至视频领域都取得了惊人的突破。比如，许多 AI 绘画工具（如 Midjourney、Stable Diffusion）都使用了 GAN 技术，让用户只需输入简单的文字描述，就能生成一幅风格多变、细节丰富的绘画艺术作品，甚至还能帮人们修复老照片、生成虚拟人物，甚至为影视作品创建逼真的特效角色。

Transformer 和 GAN 只是生成式 AI 技术发展的两个代表。它们的结合，让 AI 不仅能写、能画，还能逐步向多模态（涵盖文本、图像、音频、视频等）的方向发展。未来，AI 或许能像真正的艺术家和作家一样，不仅仅是模仿，而是创造出前所未见、充满想象力的作品。

3. 生成式 AI 的发展与应用

随着生成式 AI 的崛起，人类正站在一场技术革命的风暴眼中。这不是单纯的工具升级，而是一次历史性的跃迁：从“人类创造一切”到“人类与机器共同创造”。在这场科技浪潮中，不同国家、不同领域都留下了自己的印记。

（1）国外 AI 发展：从实验室到大众

曾经 AI 只是实验室里的前沿科技，离普通人生活还很遥远。但短短几年内，AI 经历了一次彻底的变革——从科研探索走向商业应用，再到今天成为大众触手可及的创作助手。这场变革的关键节点，离不开几个标志性工具的诞生和演进（国外部分 AI 工具简介可参见表 1-1）。

① GPT-3：AI 的破圈时刻

2020 年，OpenAI 推出 GPT-3，彻底改变了人们对 AI 的认知。虽然之前已有不少语言模型，但 GPT-3 的能力让人震撼：它不仅能回答问题、写文章，还能模仿人类的语言风格写诗、编故事，甚至生成可运行的程序代码。有人说，GPT-3 标志着 AI 从科研领域走向大众的第一次真正的尝试。

真正让 GPT-3 破圈的，并不是学术界的认可，而是普通人的创造力。有人用它生成推特段子，让 AI 假装自己是“智慧达人”；有人用它一键生成新闻报道，甚至有人让 GPT-3 写小说，短短几分钟内就能生成一个完整的故事情节。这些原本属于专业创作者的能力，如今被 AI 赋予了每一位普通用户。

但 GPT-3 也并非完美，它的文本生成能力虽然惊人，但仍会一本正经地胡说八道，甚至出现带有偏见的信息。尽管如此，它的成功已经让人们看到，AI不再只是冷冰冰的技术，而是一种真正能影响大众生活的新型工具。

② ChatGPT：AI工具的全民化

如果说GPT-3是技术的突破，那么ChatGPT则将AI推向了全民化。2022年底，OpenAI正式推出ChatGPT，短短5天，全球用户量突破100万。这速度前所未有——作为对比，当年的Instagram用了两个月才达到这个数字。ChatGPT不仅让AI成为一项实用工具，还改变了人们与AI互动的方式。

ChatGPT的成功，源于它更贴近人们的日常生活，更便捷、更具亲和力。它不仅能写文章、生成代码，还能陪人聊天、编段子，甚至能回答生活中的琐碎问题，比如“如何安慰一个遭遇挫折的朋友”或“请帮我写一封礼貌的拒绝信”。从程序员到学生，从创业者到普通上班族，几乎每个人都能找到用ChatGPT的理由。

有趣的是，ChatGPT的爆火甚至超出了OpenAI自己的预期。最初，这只是一个研究实验，OpenAI原本没有打算将其商业化。但面对巨大的市场需求，微软迅速投资了100亿美元，将其整合进Bing搜索引擎，试图用AI挑战谷歌的搜索霸主地位。与此同时，谷歌、Meta（原名Facebook）、

Anthropic 等科技巨头也纷纷加速 AI 布局，生成式 AI 的“军备竞赛”正式拉开帷幕。

③生成式 AI 的艺术狂欢与争议

2022 年，随着 DALL·E2 和 Stable Diffusion 的推出，AI 创作进入了一个全新的领域——视觉艺术。人们发现，只需输入一句话，比如“赛博朋克风格的未来城市”或“仿凡·高风格的夜晚星空”，AI 就能在几秒钟内生成一幅完整的绘画艺术作品。AI 不再只是写作助手，而是成了“画家”。这带来了一场前所未有的艺术狂欢。有人用 AI 绘制概念艺术，有人用它设计游戏角色，还有人用 AI 帮自己制作专属的头像或壁纸。原本需要专业绘画技能的任务，如今变得人人可及。

与此同时，AI 艺术也引发了巨大争议。许多艺术家发现，AI 生成的画作竟然和他们的作品惊人地相似。原因在于，这些 AI 模型训练时从互联网上抓取了海量艺术作品，其中不乏未经授权的内容。这让许多创作者感到愤怒，他们认为 AI 是在“偷窃”他们的作品。这场争论至今没有定论，但无论如何，生成式 AI 的出现已经彻底改变了艺术创作的格局。今天，AI 不仅仅是一个工具，更是一种新的表达方式，它正在挑战我们对“创造力”本身的认知。

表 1-1　国外部分 AI 工具简介

工具名称	主要功能	应用场景
ChatGPT	文字生成、多轮对话、代码编写	内容创作（文章、剧本等）、代码辅助、教育辅助
DALL · E	文生图（根据文字生成图像）	插画设计、艺术创作、广告素材
Midjourney	艺术风格图像生成	概念设计、视觉创作、插画
Stable Diffusion	开源图像生成工具	高度定制化图像生成、二次开发
Runway	视频生成与编辑	短视频制作、广告创意
GitHub Copilot	代码补全、编程建议	软件开发、代码优化
NVIDIA Omniverse	虚拟世界建模、数字孪生	虚拟现实、游戏开发、工业仿真

（2）国内 AI 发展：从本地化到场景化

①文心一言：中文 AI 的崛起

2023 年，百度推出了“文心一言”，成为国内首个走向市场的中文生成式 AI 工具。这不仅仅是技术上的突破，也是文化自信的体现。中文有着深厚的历史与复杂的结构，训练一个能理解中文语义和文化背景的 AI 模型，比训练英文 AI 模型复杂得多。文心一言的发布会上，AI 生成了唐诗，回答了中文问题，还绘制了一幅山水画，赢得了广泛关注。

② DeepSeek：中文语境下的深度思考模型

DeepSeek 是一款以中文语料为主，专注于语言沟通与深度推理的大型语言模型。2025 年 1 月 20 日，DeepSeek 发布了其核心模型 DeepSeek-R1，这款模型在数学、代码生成和逻辑推理等任务上的表现可与 OpenAI 的 o1 媲美。

不少中国用户在使用 DeepSeek 时反馈，它在理解中文表达、推导复杂问题以及输出符合中国互联网语境及中国文化传统的内容上，优于那些主要基于英文语料训练的模型。此外，DeepSeek 的开源策略也吸引了众多高校和开发者的参与，共同推动 AI 技术在中文场景下的应用和创新。

每一个技术突破的背后，都藏着一种全新的思维方式，DeepSeek 便是一种思维方式的缩影，它让 AI 在中文互联网这个特定语境下，能够更好地理解我们独有的表达习惯和文化逻辑。国内用户反馈，DeepSeek 在处理中文问题时，逻辑严密、推理连贯，远胜那些以英文为主的模型。这正是中国大数据和本土化语料积淀的成果，也是中国 AI 从“跟跑”到“并跑”的一大步。国内部分 AI 工具简介可参见表 1-2。

表 1-2　国内部分 AI 工具简介

工具名称	主要功能	应用场景
文心一言	文字生成、文生图、多模态创作	中文内容创作、教育辅助、短视频脚本
通义	文字生成、营销策划	电商文案、营销海报、品牌广告创意
腾讯混元大模型	文字生成、视频生成	企业服务、短视频创作、客户服务
豆包	文字生成、多轮对话、多模态创作	内容创作（文章、剧本等）、图片生成与编辑、教育辅助
盘古大模型	科研辅助、工业设计	科研实验数据分析、工业流程优化
DeepSeek	文字生成、多轮对话、多模态交互、数据分析与决策支持	内容创作（文章、剧本等）、代码辅助、教育辅助

生成式 AI 的发展，也带来了许多争议和挑战。比如艺术家起诉 AI“偷窃”他们的作品，写手担心自己的职业被 AI 取代，甚至有人用 AI 生成虚假信息，这些问题都提醒我们：技术进步必须伴随着伦理约束和规则约束。

总而言之，生成式 AI 的崛起，不只是技术的突破，也是一场关于创作、劳动和效率的革命。从国外的技术前沿到国内的场景化应用，AI 的每一次进步都在重塑我们的生活方式。未来，它将不再只是一个工具，而是人类创造力的延展，帮助我们去探索从未触及的可能性。而这，仅仅是个开始。

4. 机遇与挑战：生成式 AI 正在改变世界

如上所述，AI 正以令人惊叹的迅猛之势，全方位地重塑着我们的生活、工作模式，以及整个社会的架构。在 2025 年的博鳌亚洲论坛上，来自全球各地的政治家、经济学家、科技领域的精英以及文化界的知名学者会聚一堂，围绕 AI 的未来走向展开了深入且激烈的探讨。AI 究竟对人类意味着什么？它会带来哪些前所未有的机遇？又可能引发怎样棘手的挑战？这些问题成了全场热议的焦点，深刻地映射出人类在 AI 时代所面临的希望之光与忧虑之影。

人工智能宛如一场及时降临的科技“甘霖”，为众多行业注入了全新的活力，在提升效率与质量方面成效显著。在医疗行业，AI 已然成为医生不可或缺的得力助手。以谷歌 DeepMind 研发的 AlphaFold 为例，它成功攻克了蛋白质折叠这一长期困扰生物学界的难题，为新药研发带来了关键性的突破。在临床诊断环节，AI 借助深度学习技术，对海量的医学影像进行分析，能够迅速识别 X 光片、CT 扫描以及磁共振成像（MRI）中的异常病变情况。比如中国深圳的“鹰瞳 Airdoc”，其 AI 视网膜影像分析系统仅需短短几秒，便能检测出糖尿病视网膜病变等眼疾，准确率高达 95% 以上。这一技术不仅助力医生更早地发现疾病，还为偏远地区的患者提供了高质量的远程诊断服务，极大程度地缩小了因地域差异导致的医疗资源差距。

在交通管理方面，AI正大力推动着智慧城市的建设进程。杭州的“城市大脑”堪称典型。该系统通过对道路监控数据的实时分析，动态调整信号灯的时长，优化交通流量。2023年的统计数据显示，依靠这个系统，杭州主城区高峰期的平均车速提升了15%，部分路段的拥堵时间减少了近30%。

教育领域也因AI的介入，迎来了个性化学习的新浪潮。AI学习平台能够通过算法分析学生的知识掌握程度、学习习惯以及薄弱环节，为每一位学生量身定制个人专属的学习路径。在上海的一所试点学校，学生使用AI系统后，数学成绩平均提升了12%，学习兴趣也得到了显著增强。AI还为特殊群体提供了有力支持，比如为视障学生提供语音交互学习工具，为孤独症儿童设计情感识别训练程序，真正实现了“因材施教”的教育理念。

在科学研究工作中，AI展现出了强大的数据处理能力。2024年，IBM的AI系统Watson在抗癌药物研发过程中，通过模拟分子相互作用，成功筛选出3种潜在靶点，将原本数年时间的研发周期大幅缩短至数月。同样，在气候研究领域，AI帮助科学家分析复杂的气候模型，预测极端天气事件发生的概率，为全球应对气候变化提供了有力支持。

这些突破不仅节省了大量的时间和成本，更为人类攻克重大难题开辟了新的途径。

然而，机遇与挑战往往相伴而生。AI 的快速发展在给人们带来诸多便利的同时，也引发了一系列社会、经济以及伦理层面的问题。

新技术的广泛应用，首当其冲的就是就业领域，AI 的广泛应用正在深刻地重塑就业结构。根据国际劳工组织（ILO）2024 年发布的报告，全球大约有 25% 的重复性工作岗位在未来十年内可能会被 AI 所取代。例如，银行柜员、数据录入员以及部分流水线工人正逐渐被智能客服、自动化软件和机器人所替代。在中国，某大型电商平台的客服中心在引入 AI 语音助手后，人工客服的需求量减少了 40%。这就要求劳动者加快技能转型的步伐，学习编程、数据分析或者人机协作等新技能，向更具创造性和复杂性的岗位转移。但对于中低技术工人而言，这一转型过程充满了挑战，甚至可能进一步加剧社会不平等现象。

AI 在数据安全与隐私方面，现在还处于不成熟阶段。AI 的训练高度依赖海量的数据，而这些数据中常常包含个人和企业的敏感信息。2024 年，某全球知名社交平台就因数据泄露事件，导致数亿用户的隐私信息暴露，引发了广泛的社会争议。在中国，类似的问题也屡见不鲜。比如，某 AI 健康管理应用由于未对用户的健康数据进行妥善加密，致使数万份医疗记录被黑客窃取。这不仅损害了个人的合法权益，也极大地动摇了公众对 AI 的信任。如何在数据使用与隐私保护之间找到平衡？各国迫切需要制定更为严格的法律法规，例如欧盟在 2024 年通过的《人工智能法案》，就为高风险 AI 应用设定了明确的数据合规要求。

算法也会存在偏见，人类的决策面临“黑箱”。AI 的算法决策常常因其“黑箱”特性而引发争议。复杂的深度学习模型在作出判断时，其内部逻辑难以被完全解析，这就可能导致不公平的结果出现。例如，2023 年美国的一家招聘平台，因其使用的 AI 筛选工具偏向男性候选人而遭到起诉，原因是训练数据中男性简历的占比过高。这警示我们，算法偏见可能会加剧社会不公，因此急需开发透明、可解释的 AI 系统，以确保决策的公平性。

生成式 AI 的滥用，正严重威胁着网络空间的真实性，成为虚假内容的“放大器”。Deepfake 技术能够轻而易举地生成以假乱真的音视频。跳水天才少女全红婵一跳成名之后，其精湛的技术和普通家庭的出身引起了极大的关注，成为网络流量密码。2025 年 4 月，在直播电商平台，多个账号使用 AI 技术伪造其接受采访和其家人的直播画面，用于带货，不少粉丝被骗，下单购买。而在 2024 年，江西南昌警方破获了一起令人震惊的案件：一家 MCN 机构利用 AI 软件操控 800 多个账号，批量生成虚假文章和视频，在高峰期每天发布 4000—7000 条谣言，涉及诈骗、诽谤等违法行为，带来的流量收入每天高达数万元。这种“AI 谣言工厂”不仅扰乱了网络秩序，还对社会信任造成了极为严重的侵蚀。

正如 2025 年广州高考“一模”作文题所引发的深度思考——当 AI 拥有情感，人类文明的独特性将面临重新定义，这场智能革命在拓展人类自由边界的同时，也迫使我们直面一系列深层次的问题：如何确保技术发展始终以人的价值为导向？

三、AIGC重塑媒介生产

当下，生成式 AI 技术的飞速迭代，推动内容生产效率指数级增长，也在媒介形态创新领域引发深刻变革。而随着生成式 AI 技术在内容生产领域的广泛运用，人工智能生成内容（AIGC）概念逐渐兴起。中国信息通信研究院与京东探索研究院发布的《人工智能生成内容（AIGC）白皮书》

将 AIGC 定义为“既是从内容生产者视角进行分类的一类内容，又是一种内容生产方式，还是用于内容自动化生成的一类技术集合”。

在新闻行业，AIGC 的融入带来了诸多变革，尤其在效率、准确性和内容多样性方面展现出显著优势。

在效率上，AI 具有强大的数据处理能力，能极大地缩短新闻从事件发生到发布的时间差。当有突发新闻事件时，AI 可瞬间抓取相关信息，并在短时间内生成初稿。例如，在体育赛事报道中，比赛结束的瞬间，AI 就能根据实时数据快速生成关于比赛结果、球员表现等内容的新闻稿件，让受众能第一时间了解赛事情况。据统计，在一些财经新闻报道中，AI 生成初稿的速度比人工快数倍，大大提升了新闻的时效性。

准确性方面，AI 凭借算法进行数据筛选和分析，减少了人为因素导致的错误。在财经新闻中涉及的复杂数据计算与解读，AI 能精准呈现。比如在上市公司财报分析报道中，AI 可以准确地计算各项财务指标，如利润率、负债率等，并进行详细解读，确保新闻内容的严谨可靠。有研究表明，使用 AI 撰写的财经新闻，数据错误率较人工撰写的大幅降低。

内容多样性上，AI 可以根据不同平台和受众群体的特点，生成个性化的新闻稿件。它能够分析不同受众的兴趣偏好，为特定受众定制符合其需求的新闻。例如，对于年轻受众，AI 可以采用更活泼、时尚的语言风格撰写新闻；对于专业投资者，AI 则会提供更深入、专业的财经分析内容。通过这种方式，AI 扩大了新闻的传播范围与影响力，让新闻更好地触达目标人群，提升整体传播效果。总之，AI 为新闻撰写带来了革命性的变化，推动着新闻行业的发展。

1.AIGC 的强大内容生产力

AIGC 利用对海量数据的深度学习与智能处理，可自动生成文本、图像、音频、视频等多种形态内容，重塑媒介的生产方式，构建新媒介生态，在新闻传媒领域发挥着重要作用。

（1）高效率与低成本：重构内容生产底层逻辑

传统内容生产耗时耗力，而 AIGC 技术效率惊人。在写作领域，像 OpenAI 的 GPT-4、深度求索的 DeepSeek、字节跳动的豆包、阿里巴巴的通义千问（已更名为“通义”）、百度的文心一言等大语言模型，数秒内就能完成一篇逻辑严谨的新闻稿件。在图像生成领域，Midjourney、Stable Diffusion 依据关键词能够快速输出具有艺术质感的插画海报。AIGC 技术介入媒介内容生产之后，大幅减少了创作时间，降低了人力成本，实现内容生产规模化与工业化。相关数据显示，到 2025 年，AIGC 技术将推动内容生产成本下降 58%。

（2）多模态内容生成：打破媒介形态边界

如今 AIGC 技术向多模态融合方向发展。文本生成方面，ChatGPT、Claude 能撰写新闻、广告文案等多样化内容；图像生成方面，Midjourney、Stable Diffusion 可产出风格各异的绘图作品；音视频生成方面，Synthesia、HeyGen 借助语音合成与图像渲染，可实现虚拟主播、AI 配音及短视频自动化生产。多模态融合让内容创作突破媒介形态束缚，催生多元传播形态。

（3）个性化与智能化推荐：内容精准触达

AIGC 技术通过深度挖掘和分析用户行为数据，能够实现精准的个性化内容推荐。在新闻传媒领域，新闻平台经 AI 追踪用户的阅读历史、停留时长、互动行为等数据，自动生成符合用户兴趣偏好的新闻摘要与推荐列表，显著提升推荐的内容与用户偏好的匹配度，优化用户体验，并增强了新闻平台的用户黏性。这种智能化推荐模式使内容传播实现了从“广撒网”到“精准触达”的转变，使内容传播更具针对性和有效性。

（4）跨语言与全球化传播：消弭语言传播壁垒

AI 翻译和跨语言生成技术助力内容全球化传播。DeepL、Google Translate 等工具能够实现多语言的快速精准翻译，媒体机构借此将内容快速转化为多语言版本，拓展国际市场，提升全球影响力。

总之，AIGC 技术凭借高效率、低成本、多模态、智能化的优势，正在重构现代媒介内容生产的底层逻辑，成为媒介内容生产的核心驱动力，深刻改变内容生产各环节。

2.AIGC 深度参与新闻媒体生产

在新闻行业，AIGC 技术从实验室走向实际应用，在众多关键场景发挥作用，推动新闻传媒行业向智能化、自动化转型。

（1）自动化新闻写作：数据驱动的新闻生产革命

在财经与体育新闻领域，AIGC 实时数据处理能力强。AI 系统实时抓取股票数据、体育比分，自动生成即时短讯。美联社 2014 年启用 Automated Insights 的 Wordsmith 平台，财报新闻效率提升 10 倍，错误率降低 90%。在处理突发新闻时，AI 能够快速整合多方信源，生成初步报道框架，为记者留出时间进行深度分析。

（2）智能内容编辑与优化：提升内容质量与传播效果

内容编辑环节，AIGC技术辅助作用显著。标题优化上，AI依据内容核心和用户偏好生成多个标题变体，帮助编辑选择更吸睛的方案，提高点击率，如美国的新闻聚合网站BuzzFeed借助AI来优化标题，提升传播效果。在事实核查领域，Factmata等AI工具可以自动检测虚假信息，提高内容可信度与权威性。

（3）数字人与AI视频新闻：创新新闻呈现形式

数字人是利用计算机技术、AI等手段创造出来的虚拟人物形象。它能够模拟人类的外貌、语音、行为、思维等特征，可在众多领域，如客户服务、虚拟主播、文化娱乐等场景中应用，为人们带来全新的交互体验。2023年，杭州第19届亚运会开幕式的主火炬，就是由数字人点燃的。由数字人发展而来的虚拟主播技术，给视频新闻带来全新的视觉体验。新华社的“AI合成主播”，利用语音合成和面部动作捕捉技术，24小时不间断播报新闻，降低成本，且在突发报道中迅速响应。在短视频制作方面，AI能够自动剪辑新闻片段，自主添加字幕并配音，适配不同平台传播需求，提升新闻的传播效率，扩大覆盖面。

（4）数据新闻与可视化：让数据“说话”

AIGC技术具有强大的数据处理能力，可以自动分析复杂数据，生成交互式的信息图。《纽约时报》借助 AI 辅助数据新闻制作，把枯燥的数据变成直观视觉内容，增强可读性与传播力。AI 模型还通过数据分析预测选举、经济趋势，为记者提供前瞻性视角，丰富新闻内容。

AIGC 技术在新闻采编等多环节的应用，推动新闻传媒行业全面智能化转型。

3.AIGC 的成功运用：中外媒体的实践

（1）人民日报社的 AI 内容创新实践

人民日报社探索 AIGC 技术应用，在重大主题报道中用 AI 生成可视化内容。两会期间，将政府工作报告数据转化为动态信息图、数据动画，生动呈现给读者。客户端利用 AI 推荐算法，依据用户的阅读习惯精准推送新闻，提升用户阅读体验与用户黏性，提升新闻的传播力与影响力。

（2）新华社的“AI 合成主播”

2018 年，新华社推出全球首个 AI 新闻主播，引发全球关注。基于语音合成和面部动作捕捉技术，主播以逼真的形象流畅地播报新闻，实现 24 小时不间断播报，并能够在突发新闻中迅速响应，提升新闻时效性。

（3）中央广播电视总台的 AI 视频生产

中央广播电视总台将 AIGC 技术融入视频内容生产。在体育赛事报道中，AI 能够自动剪辑精彩片段，快速生成短视频并添加解说字幕，满足多平台传播需求。还运用 AI 打造虚拟主持人参与综艺互动，为观众带来新奇体验，展现 AIGC 在广电领域的多元应用潜力。

（4）浙江日报报业集团社长的数字分身亮相

2025 年 1 月 18 日举办的浙江省文化数字化协同实验室成立暨传播大脑两周年发布会上，浙江日报报业集团社长、党委书记姜军的数字分身“老姜”惊艳登场。这一数字分身由传播大脑科技（浙江）股份有限公司打造，是数智人与新闻业态融合的创新实践。浙报集团已实现包括音视频分析、多模态、内容审核等基础 AI 能力的自主研发，并达成传播大模型的内容生产全链路 AI 化。数字分身“老姜”的出现，为新闻传播的互动形式带来新的想象空间，也展现出 AIGC 技术在推动媒体融合、创新内容传播方面的强大潜力。

（5）杭州电视台的数字人主播应用

2024 年春节期间，杭州文化广播电视集团的《杭州新闻联播》节目引入 AI 数字人进行新闻播报，引发广泛关注。节目中共有 6 位数字人主播“上岗”，其形象与表情动作高度逼真。经过前期画面采集、声音采集及算法训练，这些数字人主播具备了在直播态新闻播报中准确播报新闻的能力，实现了零失误。例如主播雨辰的数字分身“小雨”，接入 DeepSeek-V3 后，不仅能理解人类语言、准确播报新闻，还能进行文稿审核和新闻素材整合，大大提升了新闻生产效率与内容质量，拓展了新闻呈现形式。

（6）美联社的 AI 新闻写作

美联社 2014 年引入 Automated Insights 的 AI 写作工具，在财经报道和体育新闻报道领域成效显著。该技术将财务、赛事数据转化为自然语言报道，提升生产效率。如今美联社约 40% 的财经新闻由 AI 生成，记者审核并补充背景，人机协同保障新闻的时效性与专业性。

（7）《华盛顿邮报》的 AI 事实核查

《华盛顿邮报》开发 Truth Teller 系统，利用 AI 实时监测政治演讲和新闻，自动标记可疑陈述。该系统能够快速分析比对信息，帮助记者核实信息的真实性，减少虚假新闻传播，维护媒体公信力。

（8）BuzzFeed 的 AI 个性化内容

美国的新闻聚合网站 BuzzFeed 则借助 AI 来分析用户行为数据，从而生成个性化推荐列表，如“10 部最适合你的电影”。同时利用 AI 优化标题，提高点击率，优化传播效果。2023 年，BuzzFeed 与 OpenAI 合作，内容生产效率提升 50%，在竞争中脱颖而出。

4. 新闻记者的价值依然无可替代

这些案例证明，AIGC 技术能够大幅度提升新闻生产效率，推动内容形态的创新，使媒体机构在信息爆炸时代依然能够保持竞争力，各媒体在 AIGC 浪潮中走出各自的特色创新之路。

AIGC 全方位、深层次重塑媒介内容生产全流程。从自动化写作到智能推荐，从虚拟主播到数据新闻，AIGC 成为传媒行业重要的生产力工具。不过，其广泛应用也带来伦理问题，如虚假信息传播、版权争议等，亟待行业规范解决。

尽管 AIGC 拥有强大的内容生产能力，但新闻记者的独特价值无法被完全取代。记者有敏锐的社会洞察力，能够深入挖掘数据背后的真实故事和社会问题。面对复杂事件，记者凭专业素养和人文情怀，深度解读信息，赋予新闻思想深度和人文温度。实地采访建立的信任关系和一手信息获取渠道，也是 AI 难以企及的。在舆论引导方面，记者坚守职业操守，传递正确价值观，更是 AI 无法取代的。

未来，人机协同模式将成为内容生产的主流。记者需适应 AI 辅助创作环境，发挥 AI 数据处理优势，同时坚守新闻专业主义、职业素养，确保内容真实性与公信力。只有将技术理性与人文精神有机融合，新闻传媒行业才能在 AI 时代良性演进，可持续发展。

第二篇

AI 时代，媒介安全首当其冲

AI时代是人机共生的时代。AI技术的迅猛发展，一方面，由AI驱动的算法推荐、深度合成内容等极大地提升了信息传播的效率，优化了用户个性化体验。另一方面，技术滥用也催生了隐私泄露、虚假信息泛滥、网络舆论操控等新型风险。比如臭名昭著的Deepfake技术，这项技术能通过AI生成高度逼真的虚假视频或音频，伪造名人演讲、普通人的面部表情甚至声音，轻则被用于恶搞和谣言传播，重则可能成为诈骗工具。

在AI浪潮席卷的今天，青少年的成长与媒介环境深度绑定，媒介安全问题首当其冲。主要表现在：第一，青少年缺乏足够的风险意识，在日常生活中，过度分享的个人数据可能被恶意利用，导致个人隐私泄露、身份被盗用、被精准诈骗等安全风险，影响青少年健康成长。第二，虚假信息泛滥、算法推送的“信息茧房”与深度伪造内容，极易侵害青少年理性思辨、批判的能力，甚至让他们陷入认知偏见或极端观点而不自知。第三，网络舆论操控、网络暴力极易影响青少年心理健康，甚至造成焦虑、抑郁等心理问题。而这些问题往往彼此间相互交织，“牵一发而动全身”，隐私泄露可能成为网络暴力的工具，虚假信息则可能加剧网络暴力等。AI时代，筑牢青少年媒介安全防线，不仅事关青少年个体健康成长，更关乎未来人类生活环境，人类社会信用体系构建以及守护人类文明底线。

四、AI时代，保护个人隐私怎么做？

AI 时代，各种各样的感应装置、智能穿戴设备、身份识别系统等，几乎可以将你的全部个人信息、日常活动、喜好，甚至不为人知的内心秘密时刻都记录了下来。这些数据留存在网络空间，被 AI 抓取，用于针对你个人的“大数据营销”，你会作何感想？

这样的事情正在逐渐变为现实：早晨你打开常用的音乐软件，它甚至可以记录你的心率，中午外卖平台分析你的饮食偏好，夜晚健身手环追踪你的睡眠质量。你在社交媒体点赞的短视频、在电商平台加入购物车或收藏的商品、在搜索引擎不经意间留下的搜索历史记录，这些碎片正被潜移默化地拼接成完整的个人数字肖像。Facebook 创始人马克·扎克伯格在 2012 年就提出：“你已经没有隐私了，克服克服吧！”

对于青少年来说，隐私保护的重要性尤为突出。他们从小就在互联网的世界里冲浪，对新鲜科技充满好奇和热情。但正因为青少年太熟悉这个数字世界了，隐私反而更容易被“盯上”。从社交平台上的个人信息泄露，到那些隐藏在各种移动应用程序（App）背后的隐私政策，都可能在不经意间“偷走”我们的隐私。

别担心！这篇超实用的隐私保护指南，就是来帮助大家的。在接下来的内容中，我们将深入探讨隐私的定义、网络隐私的特点，以及为什么保护隐私对青少年如此重要。同时，我们会揭示隐私泄露的原因，包括青少年自身可能存在的疏忽，以及外部的技术和平台问题。更重要的是，我们将提供一系列结合 AI 技术的实用隐私保护策略，帮助大家在数字世界中建立起坚固的防线。

在这个过程中，希望大家能够认识到，在隐私泄露问题随处可见的今天，保护隐私也并非一件遥不可及的事情。通过增强意识、谨慎分享、善用 AI 工具和加强设备安全，人们完全有能力构筑自己安全、健康的数字生活。让我们一起踏上这场隐私保卫之旅，学习如何在这个充满机遇和挑战的 AI 时代，守护好属于自己的那份隐私。

1. 隐私意味着什么?

在正式开始之前，我们首先得了解隐私具体指什么。《中华人民共和国民法典》第 1032 条第 2 款给出了定义：

隐私是自然人的私人生活安宁和不愿为他人知晓的私密空间、私密活动、私密信息。“隐私是指自然人享有的私人生活安宁与私人信息秘密依法受到保护，不被他人非法侵扰、知悉、收集、利用和公开的一种人格权。它涵盖了个人的私人生活安宁、私密空间、私密活动和私密信息等多个方面。例如，一个人在自己家中独处的时光，这就是私人生活安宁的体现；而个人的私人日记、未公开的行踪轨迹等则属于私密信息的范畴。”用通俗的话来说，隐私就是个人不愿意或不便被别人知道的私密信息与空间，这类权益受法律保护。

在网络环境中，隐私的范围进一步拓展。网络隐私主要以数据的形式存在，包括个人数据信息、网络活动踪迹和个人生活安宁。个人数据信息不仅涵盖姓名、性别、年龄、住址、电话号码等现实情况，还包括网络中特有的信息，如电子邮件地址、域名等。网络活动踪迹则反映出个人的生活兴趣和爱好，比如浏览网页的地址、IP 地址等。而个人生活安宁在网络环境中也有了新的表现形式，例如个人电子邮箱不受非法干扰，网上行踪不受非法跟踪等。因此，保护网络个人隐私就显得尤为重要，它不仅是个人网络足迹的一部分，同样也会折射出个人在现实生活中的隐私。除此之外，网络隐私具有数据化、可追踪性、共享性和传播性等特点，这些特点决定了它就是互联网上行走的“数字金库”，加剧了个人隐私的泄露风险。

数据化：网络隐私主要以数据的形式存在，这意味着它更容易被存储、传输和处理。与传统的纸质隐私信息相比，数据化的隐私信息可以瞬间通过网络传输到世界各地，一旦泄露，传播范围和速度都难以控制。例如，在2016年发生的徐某某案，犯罪嫌疑人就利用在QQ群中非法获取的学生信息实施诈骗，进而酿成了受害者徐某某被骗的悲剧。

可追踪性：网络活动踪迹具有可追踪性。当我们浏览网页、使用应用程序时，系统会抓取我们的IP地址、浏览记录、搜索关键词等信息。这些信息可以被用来追踪我们的网络行为，了解我们的兴趣爱好、消费习惯等。一些不良商家可能会利用这些数据进行精准营销，甚至可能会将这些数据出售给第三方，从而侵犯我们的隐私。例如，某人可能在某个购物网站上浏览过某款电子产品，随后在其他网站上就会频繁出现该产品的广告推荐，这就是基于其网络活动踪迹进行的推送。

共享性和传播性：网络隐私信息在一定程度上具有共享性和传播性。许多网络服务需要用户分享一定的个人信息才能正常使用，如注册账号时需要填写姓名、邮箱等。

然而，这些被分享的信息如果被不当处理，就可能被进一步传播。例如，一些免费的网络应用可能会偷偷将用户的信息共享给合作伙伴，而用户对此毫不知情。此外，用户自己在社交媒体上分享的内容，如照片、位置信息等，也可能被他人转发、传播，从而超出用户的控制范围，导致隐私泄露。

2. 隐私泄露，后果很严重！

还记得你什么时候开始在 QQ 空间上锁，拒绝让爸妈查看手机相册，甚至自己的房间都要反锁吗？其实这是青春期自然产生的心理防御机制，在成长的过程中，关注自己的个人空间和信息，是一种本能。而隐私意识的逐渐觉醒，是青少年走向成熟和独立的关键一步。

然而，青少年的认知水平和生活经验相对有限，一碰到网络世界，隐私盾牌就容易掉线，自身可能没有充分认识到网络隐私泄露的风险和后果，容易在不经意间泄露自己的个人信息。例如，为了获得更多的关注或点赞，在社交媒体上过度分享自己的生活照片、学校名称、家庭住址等敏感信息。你可能认为这些信息只是分享给朋友看，但实际上这些信息都属于隐私范畴，不加防范，很可能会被陌生人获取，从而增加隐私泄露的风险。而一旦你的个人信息遭到泄露，可能会面临哪些风险呢？

首先，存在被盗用身份的风险。不法分子通过各种带有诱惑性的手段，比如参加活动、下载非法软件、要求注册等，某些 App 甚至利用用户同意接受隐藏条款，得到用户移动终端，如手机、平板电脑等设备的相机、相册、通讯录的访问权限，在用户毫不知情的情况下盗用个人身份信息，如姓名、身份证号码、家庭住址等，冒用他们的身份进行非法活动，如办理信用卡、开设银行账户、进行网络诈骗等。没人想要一个在自己十八岁成年的时候收到催债电话这样的天崩开局，所以，请赶快保护好自己的个人隐私！

其次，隐私泄露后，我们就可能成为网络暴力的目标。一些别有用心的人会利用这些信息对我们进行骚扰、威胁、侮辱或诽谤，给我们的精神和心理造成巨大压力。同时，隐私泄露后也会对自身的社交关系造成极大损害，甚至滋生谣言。2022 年 12 月 19 日，《法治日报》的一则新闻《曝光同学隐私、进行网络恐吓，虚拟世界的欺凌怎么发现谁来治》引发社会的广泛关注，文中接受采访的初二学生的照片被同学传到网上，做成表情包嘲讽，导致她身心都受到重创。

更为严重的是，隐私泄露还可能影响我们的教育和职业发展。一些学校和雇主在评估学生或求职者时，会在合法合理的范围内搜索他们的网络信息。如果个人的隐私曾遭到泄露，导致一些私密的、不恰当的内容被公开，这可能会影响其被学校录取或获得工作的机会。而且，隐私泄露带来的羞辱、焦虑和不信任感可能会持续存在，影响我们对网络环境的信任和对自我价值的认知。

3. 隐私是怎么泄露的？

我们已经知晓了隐私保护的重要性，那么我们的网络隐私会从哪些渠道被偷走呢？

（1）社交平台的“过度分享陷阱”

我们会在社交平台上分享生活点滴，比如照片、视频、心情小作文等。但你知道吗，有些看似寻常、无害的东西，其实可能泄露你的隐私：一张照片可能藏着地理位置信息，直接暴露了你在哪儿；一段视频一不小心就可能露出你家的环境或者学校的标志；等等。而且，要是你随便加陌生人为好友，那你的信息就更容易被坏人盯上了！

（2）网络游戏的“信息漏洞”

玩游戏的时候，我们可能会被要求填写一些个人信息，比如姓名、年龄、邮箱等。但有些不良的游戏运营商可能会偷偷把这些信息卖给别人，或者你的游戏账号被黑客盯上，信息就泄露了。游戏里的聊天记录和交易信息也可能被别人看到，这可都是隐私泄露风险！需要提高警惕，谨慎对待。

（3）恶意软件和网络攻击的“背后黑手”

有些来路不明的链接或者软件，表面上看似乎没有问题，实际上可能潜藏恶意代码。要是你一不小心点击或者下载了，你的个人信息，如账号密码、聊天记录，就可能被窃取。还有些黑客会利用网络漏洞攻击你的设备，悄无声息地把你的隐私偷走。

（4）网络钓鱼和欺诈的“伪装高手”

网络钓鱼可太狡猾了！别有用心的人会以学校的邮件、短信、网站的形式，骗你输入个人信息，如用户名、密码、身份证号码等。要是你信了，这些信息就极有可能被用来干坏事。比如，你收到一封看似来自学校的邮件，让你点击链接以更新信息，实际上这就是个钓鱼网站，一旦输入了信息，你的隐私就危险了！

（5）公共 Wi-Fi 的“隐形窃听者”

公共 Wi-Fi 看起来很方便，但其实暗藏风险。这些公共 Wi-Fi 通常没什么防护，黑客可以轻松截获你的网络流量，偷走你的登录凭证、聊天记录等。比如，你在咖啡店或者图书馆使用公共 Wi-Fi 登录社交媒体账号，要是网络流量被截获，你的账号密码很容易就被偷走了！

4.AI 时代，隐私安全意识须升级

随着 AI 技术的发展，数据挖掘和分析能力越来越强。一些公司利用 AI 技术对用户数据进行深度分析，实现精准营销和用户画像。乍一看好像没什么问题，实际上这背后藏着巨大的隐私风险！例如 2025 年央视“3·15”晚会曝光“信息黑洞”，指出多家获客公司（主要从事帮助企业吸引和获取潜在客户的业务）通过爬虫技术扫描短视频评论区，非法抓取用户联系方式，之后伪装成企业信息来窃取公众号关注者数据，甚至接入三大运营商系统，实时监控用户上网行为。这些信息被非法收集、滥用，甚至在未经授权的情况下被出售给第三方，最终成为精准诈骗的武器。

更糟糕的是，有些 App 会在用户不知情的情况下，通过后台权限获取隐私信息。比如，某些免费 App 会要求访问通讯录、位置信息等，而我们通常在没仔细查看权限请求的情况下就授权了。这些信息一旦被收集，隐私泄露的风险瞬间飙升！

你有没有想过，为什么我们的隐私会那么容易泄露？别急着“甩锅”给别人，有时候问题可能就出在自己身上！青少年对网络世界的认知和判断能力还不够成熟，就像初

出茅庐的探险家，对未知的世界充满好奇，但也容易掉进陷阱。有些不法分子会伪装成官方机构或熟人，通过邮件、短信或社交媒体发送虚假链接，诱骗他人点击并输入个人信息。由于对这些骗局的警惕性较低，就稀里糊涂地上当了，隐私就这么泄露了！

而且，我们在网上的行为往往比较冲动和随意，就像在游乐场玩得兴起，根本顾不上注意脚下的安全提示。下载 App 及注册账号时，连隐私政策和用户协议都不看，就直接勾选“同意”，这就好比签了一份没看内容的合同，谁知道里面藏着什么“坑”呢？有些 App 会在用户协议里藏着一些条款，允许它们访问手机的通讯录、相册等，隐私泄露的风险升级。

与此同时，很多人觉得自己的隐私不会被泄露，有时为了图方便，会用简单的密码，用个人生日、连续数字做密码，这样的密码就像纸糊的门，轻轻一推就开了，账号被盗、隐私泄露在所难免。还有些人会在不同的网站使用同一个密码，这就好比用一把钥匙开所有的锁，一旦这把钥匙被偷了，所有的门都得遭殃。要是其中一个网站发生隐私泄露，其他网站的账号也危险了。

另外，很多人对网络平台的隐私政策和数据使用情况根本不在意。就像签合同前不看条款一样，他们觉得只要用了网络服务，就不可避免地要提供个人信息，却没意识到自己有权要求平台保护隐私。这种“无所谓”的态度，就像在暴风雨来临前不关窗户，隐私风险就这么乘虚而入了。所以，小伙伴们，保护隐私是每个人自身该做的事！只有提高警惕，谨慎分享，认真对待隐私政策，才能稳稳地守护自己的隐私安全。

5. 别慌！保护隐私有秘籍

前文讲了隐私保护的重要性和骇人听闻的隐私泄露危害后，接下来就要介绍如何用一些简单又实用的方法，守护隐私安全！

（1）知识就是力量：向家长和社会求助

隐私安全不仅仅是个人的责任，也需要家人的支持和老师的指导。我们可以和家人一起制定一些规则，比如规定每天使用手机的时间，哪些网站可以访问等。同时，遇到问题不要害怕，要主动向家长或老师寻求帮助。毕竟，成年人更有经验，也更懂得如何应对这些复杂的情况。

家长可以主动和青少年聊聊隐私安全的事，教他们在网络上怎么保护自己。教育机构可以开设媒介安全课程，介绍如何保护个人隐私，用案例分析、模拟演练这些有趣且实用的方式，让青少年的隐私安全意识“升级打怪”！

青少年要主动学习隐私安全知识，了解隐私泄露的风险和保护措施，提高自己的网络安全意识。比如，了解常见的隐私泄露方式，如钓鱼邮件、虚假链接等“套路”，学会识别和防范它们。

（2）别当“透明人”：谨慎分享个人信息

社交媒体分享虽能拉近彼此的距离，但也暗藏隐私泄露风险。许多人因疏忽隐私设置，导致个人生活、身份信息暴露在陌生人眼前，甚至被不法分子利用。为守护个人隐私安全，可从以下方面着手。

谨慎透露敏感信息：避免在社交平台公开真实姓名、学校、家庭住址、身份证号码、银行卡卡号等关键信息，发照片和文字时也要注意，如防止自家车辆的车牌号码等细节无意间泄露隐私。

定期检查隐私设置：定期检查各社交及网络平台的隐私权限，根据自身需求调整好友可见范围，禁止搜索引擎收录个人信息。比如微信，可将朋友圈设置为“仅好友可见”，并定期清理历史动态，降低隐私泄露的风险。

谨慎对待社交关系：网络让我们的社交范围扩大了很多，但虚拟世界并不总是安全的。有些“朋友”可能是骗子，有些“游戏队友”可能是来套取信息的不法分子。为了保护自己，不要轻易相信网络上的陌生人，尤其是那些主动联系你的陌生人，或者通讯录上长时间不联系的人。不要在网络上透露自己的真实身份或家庭情况。

远离不良信息：比如暴力、色情、低俗内容等，这些内容不仅会对青少年的心理健康造成伤害，还有可能以各种形式窃取个人隐私。作为青少年，我们需要学会主动远离这些内容。遇到可疑或不健康的内容时，立即关闭页面或举报。不要随意点击陌生链接，尤其是那些看起来很“诱人”的广告。当你点进去之后，你的电脑很有可能被黑客程序入侵，成为“网络肉鸡”。

（3）做好软件防护：为隐私筑牢“安全墙”

AI 技术是一把双刃剑，除了带来媒介内容生产与传播效率大幅提升，以及形式创新外，滥用 AI 技术则加剧了个人隐私泄露的风险。隐私安全问题不容忽视，做好软件防护，正是为隐私筑牢“安全墙”的关键举措。

在插件工具应用上，国内用户可安装广告拦截插件，它们能有效屏蔽网页广告，同时阻止跟踪代码收集个人信息。这类防护插件，还具备抵御恶意软件和网络攻击的功能，进一步强化设备安全防线。

社交软件的选择关乎信息传输安全。请使用一些大家常用的聊天软件，不要使用一些来历不明的软件。注意聊天软件是否采用端到端加密技术，对消息、文件进行加密处理，仅接收方能解密查看，这类技术可以有效防止信息在传输途中被窃取或篡改。

数据存储环节，要选择那些大品牌、技术成熟的国内云存储服务，支持文件加密的存储功能，即便数据遭遇泄露，未经授权也无法解密查看。在进行网络购物、线上支付时，务必认准以“https://”开头的正规电商平台，其加密传输协议能保障支付信息安全。

这些防护措施，如同为个人隐私穿上了坚实的铠甲，在用户享受AI技术带来的便利的同时，也为他们的信息安全保驾护航。

（4）加强设备安全：完善物理层面的防护

手机、电脑等设备是我们日常频繁使用的重要工具，一旦遭受黑客攻击或病毒入侵，个人隐私与财产安全将面临巨大威胁。为筑牢设备安全防线，可从以下方面着手。

系统与应用程序防护：及时更新设备系统与应用程序，修补潜在的安全漏洞；不随意下载来源不明的软件，避免引入恶意程序；安装可靠的杀毒软件及防火墙，并定期扫描设备，抵御病毒与攻击。

数据安全管理：为网络账号设置包含字母、数字和特殊字符且长度不少于8位的复杂密码，避免使用生日、连续数字等易破解的简单密码，也可借助密码管理器生成并存储独特密码；定期将照片、文档、联系人等重要数据，备份至加密的外部硬盘或百度网盘、阿里云等云存储平台，并设置强密码保护。

设备物理防护：采取防盗措施，如使用防盗设备、设置设备密码，防止设备丢失或被盗；在公共场所使用设备时，借助隐私屏幕保护膜等工具，防止他人窥视屏幕内容，保护隐私信息。

（5）用法律武器保护自己：关注隐私政策和法律法规

在使用网络服务时，仔细阅读平台的隐私政策，了解平台如何收集、使用和保护用户的个人信息。如果对隐私政策有疑问或不满，可以联系平台客服咨询或投诉。一些平台会在隐私政策里明确说明用户信息的用途，以及用户如何撤回授权，可以根据这些信息决定是否继续使用这个平台。

关注国家关于隐私保护的法律法规，学会用法律武器维护自己的权益。当隐私受到侵犯时，要及时采取法律手段维权，比如向相关部门投诉、提起诉讼。我国的《中华人民共和国网络安全法》《中华人民共和国个人信息保护法》等法律，都对个人信息保护有明确规定，我们可以在家长、老师等帮助下依据这些法律来保护自己的隐私权。

五、AI会造假，虚假信息怎么辨？

当真相还在穿鞋，而谣言已经跑遍全世界。美国麻省理工学院传媒实验室研究人员在一份报告中说，假新闻在社交媒体上的传播速度是真实新闻的6倍，且假新闻更容易得到转发。报告主要作者苏鲁什·沃索基说：“假新闻的内容与人们对世界的期望背道而驰，可能是它更惊人的原因之一。如果有人制造谣言，与大家的预期相悖，得到转发的可能性会更高。”

随着AI技术的飞速发展，这种信息真假难辨的局面变得更加复杂。AI生成的文字、图片、视频内容越来越逼真，甚至可以以假乱真。从换脸技术到生成式AI模型，技术的进步让我们越来越难以分辨虚拟与现实的界限。在这样的背景下，我们不禁要问：“我每天接触的信息一定都是真的吗？如果不是，我又该如何判断？”

1.AI为假新闻的泛滥推波助澜

（1）在AI时代，有图也未必有真相

AI技术的滥用，造假门槛降低，不需要操作复杂的专用图片编辑软件，更不需要懂得深奥的代码，只需要把意图告诉AI，就可以创造出足以以假乱真的图片。比如，告

诉 AI，在一张照片中棕熊的前面，加上骑行的运动员或者奔跑的摄制组。几秒钟之内，你就会得到足以以假乱真的图片。

如果仅仅是用于个人娱乐，那还可以说是在适当的范围内。但在网络空间，有人动起了歪脑筋，出于各种目的，把 AI“神器”用于制造“有图有真相”的“假”新闻，这就需要我们提高媒介素养，炼成“火眼金睛”，识别“妖魔鬼怪”，避免上当。

（2）AI 创作的假消息，已成网络公害

先看一条假消息。

2024 年 10 月，一则标题为“山东大妈摆摊卖水果被罚 16 万，大妈觉得离谱拒交，监管局：不交就罚 145 万，法院判了”的文章在网络上广为流传，引发众多网民的关注和议论。文章称，在山东济南，65 岁的吴大娘为给儿子攒钱结婚，摆摊卖水果，却因为没有执照被市场监管局执法人员要求罚款，如果拒绝配合还要提升罚款数额至 145 万元。

经警方查明，当地根本没有发生过这一事件。济南市市场监督管理局随即发布了辟谣声明，并将相关证据提交给了警方。

这则虚假信息出自湖南长沙的一家传媒公司，随后济南警方与长沙警方联合办案，查明这篇引发舆情的文章，居然是该传媒公司通过 AI 工具生成的。

再来看一个例子。

2025 年 3 月初，一则内容为“某超一线男星在澳门永利皇宫赌场贵宾厅连赌七日”的消息在网络疯传。这则消息据称“经权威渠道确认”，由国际金融调查机构 Global Financial Watch 于 3 月 10 日发布的跨境资金异常流动报告曝光。信息显示，该“超一线男星”七日豪赌输尽 10.3 亿元流动资产，抵押 3 处豪宅及私人飞机，为翻本还向澳门黑帮借贷 3 亿元，基本已经破产。

这条消息包括了许多“有鼻子有眼”的细节，诸如该男明星输掉的 10.3 亿元分为离岸公司转入的 8.6 亿元，以及地下钱庄兑换的 1.7 亿港元现金筹码。甚至还伪称，该明星内地经纪公司于 3 月 9 日深夜发表声明承认其存在“个人财务问题”，两栋被抵押的豪宅分别是位于北京朝阳区价值 2.8 亿元的独栋别墅以及位于上海陆家嘴的顶级公寓。

人在家中坐，祸从天上来。网友吃瓜热情被迅速点燃，消息在微博、小红书、豆瓣、知乎等社交平台大肆传播，几乎人人都当起了“福尔摩斯”，根据消息中提到的细节进行猜测。许多够得上所谓“超一线男星”的男明星都被提及，眼见各位被猜测的男明星都默不作声，舆论风波愈演愈烈，越来越多的男明星被网友列入“可能名单”。就在网友猜得不亦乐乎之际，公安部网安局发布通告，原来这条看起来有模有样的消息，竟然也是 AI 生成的假消息。

（3）AI 造假的背后，有一条灰色的利益链

利用 AI 制造虚假信息的背后，往往有着不可告人的获利目的。要么是吸引流量，引发关注；要么是受竞争对手雇佣，刻意抹黑他人；要么是采用 AI 技术控评，企图干扰社会舆情。

2024 年 4 月，一篇标题为“上海某地惊现‘骨灰房’”的文章发布在网络平台上。文章除了耸人听闻的文字，还配有相关图片，引发网友的广泛关注和讨论。

不过，警方调查核实后发现，这篇文章所讲的内容完全是不切实际的谣言，随即立案展开调查。很快，警方找到了这篇文章的发布者王某。据发帖人王某说，一个月前，她加入了一个兼职微信群，看到有人在群里发布信息称，可以教人在网络平台上注册账号，并发帖挣钱。

王某看到后立即回应对方，表示想要参加学习，随后便根据对方的指引注册了某网络平台账号。对方在传授王某一些自媒体的学习方法后，表示会每天向王某账号的草稿箱里发送已经写好的文章，第二天再通过王某的手机将这些文章发布，只要文章有浏览量，王某就能赚取佣金。

据王某说，她每天会发布三四十条信息，发的什么内容她压根不看，“上海某地惊现‘骨灰房’”的不实信息正是由对方提供并经王某发布的。

依据王某提供的线索，警方展开调查，一举抓获了为王某提供谣言文章牟利的犯罪团伙成员徐某、罗某、阚某。据徐某等人交代，这条谣言并不是他们人工编写的，而是利用购买的AI软件自动“洗稿”生成的。这款软件会将生成后的伪原创文章，自动分发到学员的网络平台账号草稿箱内，学员点击发布即可。根据浏览量的不同，平台会给文章上传者一定的奖励，徐某团伙通过收取一定比例的佣金，或者收取账号草稿箱存稿费，实现牟利。

而类似的通过AI软件自动“洗稿”生成的文章，如“三星堆遗址挖出航母、核潜艇”“英语退出高考”等均为不实信息，而这些明显的虚假文章就有近千篇。经查，徐某等人掌握和控制的可以洗稿后供发布文章、信息的账号，最多的时候有1100多个，王某的账号也是其中之一，通过这种方式，徐某等三人共计非法获利人民币5万余元。

检察机关认为，徐某、罗某、阚某三人结伙，违反国家规定，以营利为目的，编造虚假信息，通过网络有偿发布，扰乱市场秩序，情节严重，以非法经营罪对三人提起公诉。三人得到了应有的惩罚。

检察机关提醒，网民、自媒体从业者，应遵守法律法规和职业道德规范，尊重原创作品和知识产权，同时增强法律意识和自律意识，避免“洗稿”、发布虚假信息等违法行为的发生。同时，相关软件生产者和网络平台更应切实负起监管、审核职责。

（4）“网络水军”利用 AI，已成打击重点

虚假信息扰乱社会秩序，挑动社会情绪，引发社会舆情，尤其是近年来，利用 AI 实施犯罪行为的“网络水军”，已经成为公安机关打击的重点。

2024 年 12 月 11 日，公安部公布了依法打击“网络水军”违法犯罪的 10 起典型案例，显示了坚决打击“网络水军”的信心和态度。这些案件中，除极个别案例外，均涉及利用技术手段，尤其是利用 AI 技术生成虚假信息或者进行内容运营的情节。

一、山东枣庄公安机关侦破某传媒公司编造谣言引流案。山东枣庄公安机关网安部门查明，某传媒公司为吸粉引流，购买大量已实名登记的自媒体账号，利用人工智能工具编造谣言信息并批量发布，累计发布视频、图文 300 余万条。山东枣庄公安机关已抓获犯罪嫌疑人 87 名，查获违法违规账号近 10 万个。

二、广东广州公安机关侦破叶某某等人编造谣言引流

案。广东广州公安机关网安部门查明，叶某某等人为赚取网络平台流量收益，招募兼职人员注册自媒体账号，利用人工智能工具改写热门文章，批量发布虚假信息，累计发布引流图文信息50余万篇。广东广州公安机关已抓获犯罪嫌疑人6名。

三、浙江温州公安机关侦破许某某等人编造谣言引流案。浙江温州公安机关网安部门查明，许某某等人设立公司，招募网络写手组建洗稿团队，利用人工智能工具翻炒旧闻，导致大量不实信息在网上扩散传播，非法获利200余万元。浙江温州公安机关已抓获犯罪嫌疑人17名。

四、江西抚州公安机关侦破邹某某等人网络敲诈勒索案。江西抚州公安机关网安部门查明，邹某某等人成立网络传媒公司，开设多个自媒体账号，搜集大量企业负面信息，并在多个互联网平台上发布，以此威胁受害企业，索取钱财，累计发布帖文近万篇，敲诈企业100余家，非法获利1000余万元。江西抚州公安机关已抓获犯罪嫌疑人11名。

五、河南南阳公安机关侦破宋某某等人网络敲诈勒索案。河南南阳公安机关网安部门查明，宋某某等人冒充记者身份，租用网站版块，以夸大、歪曲等手法在网上编造发布负面帖文及视频2000余条，以协助删帖、采访曝光为要挟对多家企事业单位进行敲诈勒索。河南南阳公安机关已抓获犯罪嫌疑人12人，查获虚假新闻手稿3000余份。

六、浙江台州公安机关侦破范某等人刷单炒信案。浙江台州公安机关网安部门查明，范某等人为牟取非法利益，搭建网站平台从事刷单活动，由商家在平台发布任务，再由刷手接单并在相应电商平台完成虚假购物和好评，以此提高商家的销量、好评度及排名，累计为3万余家商户提供刷单服务，刷单数量1000余万条。浙江台州公安机关已抓获犯罪嫌疑人26名。

七、江苏宿迁公安机关侦破宗某等人刷量控评案。江苏宿迁公安机关网安部门查明，宗某等人成立工作室，购买多款“群控”软件和大量手机，非法操控大量网络账号，长期为网络直播行业、“饭圈”群体有偿提供虚假转发、点赞、评论等刷量控评服务，非法获利数千万元。江苏宿迁公安机关已抓获犯罪嫌疑人7名。

八、四川内江公安机关侦破赵某某等人刷量控评案。四川内江公安机关网安部门查明，赵某某等人在网上打着“躺赚”噱头招募人员，诱导网民缴费入会，并根据缴费金额分配职务，组织大量人员在直播间挂榜互动以及虚假购物好评，人员规模已达到10万余人。四川内江公安机关已抓获犯罪嫌疑人23名。

九、江苏镇江公安机关侦破肖某等人有偿删帖案。江苏镇江公安机关网安部门查明，肖某等人组建专门群组，伙同他人购买并持有大量网络账号，接受文娱、电商等从业人员委托，利用网络平台漏洞，实现所谓“舆情优化”目的，有偿删帖 1 万余条，非法获利 200 余万元。江苏镇江公安机关已抓获犯罪嫌疑人 10 名。

十、辽宁锦州公安机关侦破西某等人有偿发布虚假信息删帖案。辽宁锦州公安机关网安部门查明，西某等人招募 300 余人，在国内多家知名汽车测评平台有偿提供所谓“舆情监测”服务，根据特定话术模板发布“吹捧”帖文，通过特定方式删除或下沉网上负面帖文，累计发布 40 余万条虚假评论，删除负面评论 1000 余条。辽宁锦州公安机关已抓获犯罪嫌疑人 3 名。

这些由 AI 制造的虚假信息具有以下特征。

定制化：生成式 AI 能够利用多类机器学习方法从数据中学习不同内容的生成特征以及主体的表达风格，只需要输入关键词，AI 软件可在网络上抓取素材生成文本，形成定制化的文章、新闻、报告等。

门槛低：相比此前造谣者单纯靠人工捏造、散布谣言这一略显“原始”的方式，现在利用 AI，造谣者只需在 AI 工具中输入关键词即可“一键生成”足以以假乱真的文章、图片等。

识别难：AI生成的虚假信息在形式上非常逼真，往往新闻要素齐全、内容完整，甚至可能包含图像和视频，这使公众难以辨别真伪。这种伪装性和欺骗性让虚假信息更加具有迷惑性。

破坏大：利用AI制造虚假信息，能生成极为逼真的图片、音视频，颠覆了“有图有真相”的常规认知，蛊惑性极强，短时间内就能快速传播，易引发社会恐慌，扰乱社会公共秩序。

（5）新的趋势：假中有真，真中有假

最让人迷惑的是半真半假的内容，在部分真实的基础上增加一些虚构的内容，很容易让人信以为真。这已经成为编造虚假信息的新趋势。

2024年5月18日，有网民在某平台发布文章称：“巴中市最近上演了一场令人惊心动魄的事件，一辆运钞车遭到‘踢爆’，警民双方展开了一场激烈的对峙。”实际上，原图中的事件，发生在4月30日上午9时许，四川巴中的一辆运钞车因在公交车站台处占道停留，交警发现后请运钞车驶离，并没有发生所谓的“激烈对峙”。

尚某某在网上获悉相关图片后，为吸引眼球，获取流量和利益，带着侥幸心理，在未经核实的情况下使用AI工具，进行了深度伪造，生成标题为“一场惊心动魄的‘钞票大战’巴中市警民对峙引发轰动谁将成为胜利者”的虚假信息并发布，误导网民，引发社会恐慌，扰乱公共秩序。随后，四川省巴中市公安机关依法对尚某某进行行政处罚。

虚假信息的危害是多方面的。它不仅会误导公众，还可能引发社会恐慌，甚至对当事人造成严重的心理和经济伤害。例如，在2022年的“唐山烧烤店打人”事件中，就有网友爆料称，4名被打女子中有一人已经死亡，并宣称“我就是唐山人，知道为什么后面监控没放出来吗，因为那个男的开车把那个女孩子轧过去了，已经有一个去世了”。这一消息在互联网上引发了巨大的舆情，很多人甚至借此攻击唐山这座城市，指责当地政府故意隐瞒监控录像，对城市形象和政府公信力造成了极大的损害。

2. 警惕“AI幻觉”：一本正经地胡说八道

如果说，上文讲述的是人为操纵的假消息，那么，接下来要讲的就更具科幻色彩了。AI也会产生“幻觉”，由“AI幻觉”所生成的虚假内容，看上去更加一本正经，如果不与现实情况核实辨别，很容易令人信以为真，闹出笑话。那么问题来了，在普通人眼里，AI不就是一堆代码和算法组成的程序，对人来说就是工具，怎么会产生“幻觉”呢？

2025 年 3 月，来自美国哥伦比亚大学数字新闻研究中心的最新研究指出，让 AI 查找新闻时，市面上主流的八款 AI 搜索引擎提供的回复中有 60% 是不准确的。

（1）一次令人惊讶的“AI 幻觉”实验

《21 世纪经济报道》按照这一方法对六款国产 AI 进行了测试。他们在国内选择了 10 家市场化运作的机构媒体——一半偏社会新闻（《新京报》、澎湃新闻、《北京青年报》、《南方周末》、《三联生活周刊》），一半偏财经新闻（《21 世纪经济报道》、第一财经、《每日经济新闻》、《财经》杂志、《经济观察报》）。每家媒体 3 篇报道，一共 30 篇新闻报道。

为了保证结果可靠，这 30 篇报道都发布于 2024 年至今，能在百度或必应上搜到网页原文。从每篇报道里截取的片段大约 300 字，都是通过记者采访得到的事实，有采访人物、地点、数据等独特元素，而非通稿消息。

记者们总共提问了 330 次，在 AI 的 330 次回答中，只有大约 25% 的回答完全正确。大部分 AI 会“自信”地提供错误答案，而不是承认不知道；27% 的新闻来源被 AI 完全说错。AI 经常表示自己找不到链接，或者提供已被删除的链接——问题是，一些打不开的链接地址明显是由 AI 自行编造的。

这就是“AI幻觉”。

事实证明，AI模型，特别是生成式AI模型，在输出内容的时候，会给出那些看起来逻辑严密、特别合理，但实际上和真实情况完全不一样的信息。有时候你问它一个问题，它会特别自信地回答你，就好像自己什么都懂似的。可你仔细一研究，就会发现它是在“胡说八道”。它还可能凭空“造”出世界上根本不存在的东西，比如虚构一些历史事件，或者编造一些从来没出现过的科学理论。

（2）一本正经地胡说八道：“AI幻觉”的类型与成因

AI的“幻觉”可以分成两类，分别是“事实性幻觉”和“忠实性幻觉”。

事实性幻觉，就是AI模型生成的内容和现实世界里能验证的事实不一样。比如说介绍历史人物的时候，把人物的出生时间、重大事件的顺序给弄错了；介绍科学知识的时候，给出了错误的公式或者理论。

忠实性幻觉，指的是AI模型生成的内容和用户给它的指令或者上下文对不上。比如你让它对某部文学作品做个客观评价，它却跑去大谈作品的创作背景；或者在对话的时候，突然给出和前面讨论的内容一点关系都没有的回答。两类“AI幻觉”的对比，如图2.1所示。

提问：糖尿病患者可以通过吃蜂蜜代替糖吗？

	回答	分析
事实性幻觉	是的，蜂蜜是天然的，可以帮助糖尿病患者稳定血糖水平。	**错误**：蜂蜜虽然是天然食品，但仍然含有大量果糖和葡萄糖，会升高血糖水平，不适合糖尿病患者代替糖使用。
忠实性幻觉	蜂蜜富含维生素和矿物质，对提高免疫力很有帮助，因此是一种健康的食品。	**偏题**：回答内容虽无事实错误，但与提问“糖尿病患者是否可以用蜂蜜代替糖”无关，未忠实于用户意图。

图 2.1　AI 事实性幻觉与忠实性幻觉的对比

资料来源：清华大学新闻与传播学院新媒体研究中心与人工智能学院的研究报告《DeepSeek 与 AI 幻觉》。

AI 产生“幻觉”的原因有不少。客观来说，训练数据有问题：AI 模型训练得靠大量的数据，如果这些数据本身就有错、不完整或者太片面，那 AI 模型学习的时候就会被带偏，输出内容时就容易产生“幻觉”。此外，要是训练时间太短，AI 模型可能没办法把数据里的规律和特征都学明白，这样生成的内容就不准确了。

主观上，用户提问不清楚也是个因素。当用户问的问题模棱两可时，AI 模型可能就搞不懂用户到底想问什么，以至于开始“自由发挥”，给出和事实不符的内容。

不管是什么原因导致的“AI 幻觉”，带来的影响可不能小瞧。

首要的问题便是信息污染，它会让虚假消息在网上到处都是。AI 技术会提升信息传播效率，这些虚假消息很快就传开了，从而影响社会正常秩序。

“AI幻觉”很难被识别，这就让它容易被不法分子利用。他们可能用AI生成的假信息去诈骗、造谣，给个人和社会都造成很大的损失。在由清华大学新闻与传播学院新媒体研究中心和人工智能学院联合团队一起完成的AI事实性幻觉评测里，随机抽取300道事实性幻觉测试题，涵盖健康、科学、历史、文化、音乐等多个领域，获取大模型回答后与正确答案比对，人工标注幻觉类型，并进行交叉验证，得出幻觉率初步测试结果：DeepSeek-V3>Qianwen2.5-Max>DeepSeek-R1>豆包。DeepSeek-V3的“幻觉率”达到了29.67%，如表2-1所示。

表2-1 AI事实性幻觉测评结果

大模型	幻觉率
DeepSeek-V3	29.67%
DeepSeek-R1	22.33%
Qianwen2.5-Max	27.67%
豆包	19%

资料来源：清华大学新闻与传播学院新媒体研究中心与人工智能学院的研究报告《DeepSeek与AI幻觉》。

（3）用魔法打败魔法：用AI对付“AI幻觉”

既然知道“AI幻觉”这么危险，那我们应该采取什么措施呢？《DeepSeek 与 AI 幻觉》报道中，提供了三种方法。

用联网功能：让 AI 通过联网实时获取准确信息，把生成的内容和网上的真实信息进行对比，这样能降低“幻觉率”，如表 2-2 所示。比如你向 AI 提问关于某个事件的信息，AI 可以去查权威的新闻报道、学术文献，以保证回答是真实的。

表 2-2　未联网与联网状态下 DeepSeek-V3 与 DeepSeek-R1 幻觉率对比

大模型	通用性测试幻觉率			事实性测试幻觉率		
	未联网	联网	下降	未联网	联网	下降
DeepSeek-V3	2%	0%	2%	29.67%	24.67%	5%
DeepSeek-R1	3%	0%	3%	22.33%	19%	3%

资料来源：清华大学新闻与传播学院新媒体研究中心与人工智能学院的研究报告《DeepSeek 与 AI 幻觉》。

双 AI 验证：先用 DeepSeek 得出答案，再用其他 AI 大模型来检查，让它们互相监督、交叉验证。不同的 AI 大模型在训练数据、算法结构上可能不一样，多个模型一起回答和相互审查，就能发现可能存在的错误和“AI 幻觉”，让信息更准确。

明确提示词：向 AI 提问时，用更清楚、具体的提示词，给 AI 划定知识范围，让它在这个范围内思考和回答。比如问历史事件，就把时间范围、地域范围说清楚，别让 AI 乱发挥。依据《DeepSeek 与 AI 幻觉》研究报告，具体方法有以下几种：

第一类，知识边界限定。

1. 时间锚定法："基于 2023 年之前的公开学术文献，分步骤解释量子纠缠现象。"→规避未来时态虚构

2. 知识锚定法："基于《中国药典》回答，若信息不明确请注明'暂无可靠数据支持'。"→限定权威来源

3. 领域限定符："作为临床医学专家，请列举 FDA 批准的 5 种糖尿病药物。"→添加专业身份限定

4. 置信度声明："如果存在不确定性，请用 [推测] 标签标注相关陈述。"→减少绝对化错误断言

5. 上下文提示："根据《2024 全球能源转型报告》（国际能源署，2024 年 1 月）显示，2030 年光伏发电成本预计降至 0.02 美元 / 千瓦时，但储能技术突破仍是普及瓶颈。请基于此数据，分析中国西部光伏基地发展的三个关键挑战，并标注每个挑战与原文结论的逻辑关联。"→嵌入权威数据片段

6. 生成参数协同控制："请以 temperature=0.3 的严谨模

式，列举2024年《柳叶刀》发表的传染病研究。”

第二类，对抗性提示。

1. 植入反幻觉检测机制：“请用以下格式回答：– 主要答案（严格基于公开可验证信息）–[反事实检查]部分（列出可能导致此答案错误的3种假设）。”

2. 预设验证条件，迫使模型交叉检查信息：“请先回答‘量子纠缠能否证明灵魂存在？’然后从以下角度验证答案的可靠性：①物理学界主流观点；②近五年相关论文数量；③是否存在可重复实验证据。”

3. 链式验证：“请完成以下验证链：①陈述观点；②列出支撑该观点的三个权威数据源；③检查每个数据源是否存在矛盾信息；④最终结论（标注可信度等级）。”

3. 判断信息真伪的秘籍：事实核查

作为媒体自我监督的方式，事实核查通过对新闻来源的核实、事实的查证以及逻辑的分析，帮助我们辨别信息的真伪，确保新闻的准确性和可靠性。识别假信息不是难事。只要我们多留个心眼，多花几分钟验证，就能避免被假信息牵着鼻子走。有个简单的四步法：“保持冷静，观察细节，搜索源头，多方比对”，不仅能保护你免受假信息的伤害，还能让你成为净化信息环境的一分子。真相不会因为复杂而消失，只会因为懒惰而被埋没。

（1）学会提问：培养独立思考能力

独立思考能力是在信息时代保持清醒和理性的重要保障。它要求我们不盲目跟从他人的观点，而是通过自己的分析和判断，形成独立的见解。

当你看到一条新闻或信息时，不要急于接受或转发。先停下来问自己几个关键的问题：

信息来源可靠吗？这条信息来自哪里？是权威媒体、官方机构，还是一个匿名的社交媒体账号？了解信息的来源可以帮助你判断信息的可信度。

证据充分吗？信息中是否有具体的数据、事实或专家观点作为支撑？如果没有，它可能只是主观臆断或谣言。

是否存在偏见？信息的发布者是否有特定的立场或利益诉求？他们是否只呈现了对自己有利的部分，而忽略了其他观点？

如果是图片的话，同样可以多问几个问题：摄影师是谁？拍摄地点符合逻辑吗？图片显示的景象符合客观物理规律吗？

（2）掌握事实核查工具：炼就“火眼金睛”

在热点事件中，虚假图片和视频很常见，只要掌握几个关键方法，就会发现假照片和假视频的套路其实很有限。

媒体总结了六种情况：文字和视频不符、选择性拍摄、截取片段、拼接视频、恶意处理和凭空捏造。比如拼接视频就像电影里的“蒙太奇”，把两个不相关的镜头拼在一起，让人误以为有因果关系，实现造假的目的。

识别的办法很简单，用百度识图或者 TinEye 软件搜一搜，看看这张图最早的来源是哪里。同时，也可将同一内容在不同媒体平台进行比对，验证其真实性。对于 PS 痕迹，可以用 Forensically 来进行检测，这是一款专为数字图像取证和分析设计的强大工具。

（3）学会做减法：优先选择权威信源

随着 AI 介入信息生产，获取信息的效率成为关键。并非所有的信息都值得我们花费时间和精力去关注和验证，如何从浩如烟海的信息中获取有效信息，就成为当下人们的必备素养。有必要学会做信息摄取减法，懂得筛选和取舍，避免被无用或虚假的信息淹没。

优先选择权威媒体和官方机构发布的信息。这些来源通常有更严格的编辑和审核流程，信息的准确性和可靠性相对较高。例如，当你需要了解最新的时事新闻时，可以选择新华网、人民网、央视新闻等权威媒体网站或客户端；当你需要查询科学知识时，可以参考中国科学院、中国国家地理等专业机构的网站。

利用社交媒体和新闻平台的筛选功能，设置关键词提醒和信息过滤，关注一些高质量的内容作者，而不是关注那些粗制滥造的账号。例如，你可以在微博、微信等平台上关注一些可靠的媒体账号和学者账号。一些新闻平台还提供了信息筛选功能，可以根据你的阅读习惯和兴趣，为你推荐高质量的新闻内容。对于那些经常发布低质量、虚假或偏激信息的账号，该拉黑就拉黑，该删除就删除。

（4）学会参与实践：在真实世界中验证高品质内容的价值

社会实践是将知识（信息）转化为实际价值的关键，能否落地进入实践环节，是检验信息有效性的标准。青少年应该积极参与各种社会实践活动，在真实的世界中验证信息的价值和真实性，提高自己的事实核查能力，提升媒介素养。

学校或社区通常会组织一些媒体制作项目，如制作校报、拍摄纪录片、运营公众号等。积极参与这些项目，亲身体验信息的采集、编辑和发布过程。在这个过程中，你可以学习如何评估信息的质量，如何筛选信息，如何确保信息的真实性和客观性，以及如何有效地传播信息。这些实践经验将对你提高事实核查能力大有裨益。

选择一个你感兴趣的议题，开展自己的调查研究。通过查阅文献、采访相关人员、收集数据等方式，深入了解问题的各个方面，并形成自己的研究报告。在这个过程中，你将学会如何寻找和评估信息的来源，如何分析和处理数据，以及如何得出可靠的结论。这种调查研究的能力将帮助你在面对复杂的信息时，也能够从容地进行事实核查和判断。

在实践过程中，不要满足于表面的信息，而是要深入挖掘背后的逻辑和原因，尝试从不同的角度分析问题，提出自己的假设和观点，并通过查阅资料和事实验证来不断完善自己的认识。当你研究一个社会热点问题时，可以将不同媒体的报道、专家的观点、公众的评论等分别整理出来，逐一分析它们的内容和立场，找出其中的共性和差异，从而更全面地了解问题的本质。

青少年不仅是 AI 时代的参与者，更是未来社会的生力军。当你拥有质疑、核查、独立思考等核心能力，你的媒介素养会得到显著提升，成为信息时代的“真相猎手”。你的每一次核查，都是对虚假信息的反击；你的每一次独立思考，都是对社会理性的贡献；你的每一次传播真相，都是对公共价值的守护。希望大家在这个复杂多变的世界中，成为那个敢于质疑、善于求证、勇于发声的人，在信息洪流中守护真相的价值。

六、AI时代，预防网络暴力怎么做？

网络暴力是一种危害严重、影响恶劣的暴力形式，它主要是指网民在网络上发表的具有诽谤性、污蔑性、煽动性，侵犯他人名誉、损害他人权益的言论、文字、图片、视频。进入 AI 时代之后，网络暴力得到更加疯狂的发展，它像一场无形的风暴，席卷着每一个不小心踏入其中的人。

这是一个令人倍感伤痛的悲剧。女研究生郑某某染着粉色头发，带着硕士研究生录取通知书去看望病床上的爷爷，原本只是想在大学毕业季留下美好回忆的她，却意外成了网络暴力的受害者。这起事件不仅给受害者带来了巨大的心理压力和伤害，也引发了公众对网络暴力和审美多元化的讨论。一些网友因为不喜欢她的粉色头发，认为与传统审美不符，便对她进行了人身攻击和造谣，整个被攻击的过程持续了 6 个月之久。

这场风暴究竟是如何形成的？是谁在幕后操纵着这股“邪恶”的力量？

1.AI 如何为网络暴力“递刀”

在这起案件中，不法分子利用 AI 技术，制造了网络暴力。这说明 AI 强大的传播能力，一旦被用于生成并传播仇恨言论，传播的速度和破坏性将无可估量。

HateBench 是一个用于基准测试仇恨言论检测器的框架，旨在评估这些检测器在检测由大型语言模型（LLM）生成的仇恨言论时的有效性，主要用于解决大型语言模型在生成仇恨言论方面的潜在问题。HateBench 框架显示，大型语言模型可能被用于生成仇恨言论，且随着大型语言模型的技术发展，仇恨言论检测器的性能会下降约 28%，这意味着 AI 生成的仇恨言论更难被识别，从而更易传播。

另外，模型利用窃取、攻击等手段能将生成仇恨言论的速度提高 13 至 21 倍，进一步增加了仇恨言论传播的可能性。研究者 Yannic Kilcher 利用 4chan（一个国外的综合讨论社区）平台极右翼板块 1.345 亿条仇恨言论数据，训练出能自动生成极端内容的 AI 模型 GPT-4chan。该模型在部署后 24 小时内即生成并发布超过 1.5 万条暴力言论，其输出内容不仅通过了真实性测试，甚至很难将这些文本与人类撰写的文本进行区分，成功规避了平台的内容审核机制。实验后期通过多机器人并行运行，单日发布量可达 3 万条，占目标板块当日总流量的 10%。该模型被下载超过千次后引发广泛的伦理争议，最终由 Hugging Face 平台（一个集成众多机器学习模型和数据的开放平台，帮助用户构建、部署和训练机器学习模型）下架处理。这个案例直观展现了AI生成仇恨言论的隐蔽性、传播效率及对内容审核体系的挑战。

AI还能够化身“社交机器人”控制虚假账号，自动化攻击工具链，单节点每秒生成2—3条攻击性言论，恶性内容生成极其迅速。同时具有账号伪装能力，可以通过生成对抗网络（GAN）生成虚拟头像、行为日志模拟真人互动。这意味着我们平时所看到的跟帖评论中有部分攻击性言论是由AI控制下的虚拟账号发布的，而不是现实中的真人用户。

普通人也可以利用AI迅速生成虚假内容，诽谤成本越来越低。有研究指出，生成式AI的内容生成能力强大，生成的内容看上去十分真实且具有说服力，令人难以辨别真假，对公共舆论和社会信任的影响巨大。

2. 人性弱点被AI无限放大

AI工具的不恰当使用、网络平台的纵容与算法陷阱、社会心态的扭曲与群体极化都是制造网络暴力的因素。平台通过算法技术，将用户感兴趣的内容精准推送给更多的网友，从而加剧了用户的情绪化和极端化倾向。同时，一些网络平台为了追求流量和关注度，往往会对一些具有争议性和话题性的内容进行过度渲染和炒作，从而进一步加剧网络暴力的蔓延。

在心理学机制中有个“情绪唤醒”理论，强烈的情绪，如愤怒、焦虑、恐惧能激活大脑杏仁核，引发高唤醒状态。在海量信息中，情绪化内容因更易触发人类本能反应而被网民优先关注。

研究表明，为获得群体认同，用户倾向于点赞与自身立场一致的极端内容，点赞概率比普通内容高出 1.8 倍，部分用户通过这种行为强化群体归属感，达成群体极化而获得心理满足。例如，某社群中，极端言论的点赞率是温和内容的 4 倍。AI 的智能化推荐机制激励用户更加关注并传播吸引眼球的内容，以获取更多互动和情绪奖励。而暴力言论更容易获得点赞，进而加剧形成互联网空间的戾气。

“在网上，没人知道你是一条狗”，网络的匿名环境会降低人们的道德约束力。在匿名状态下，人们因无须承担后果而更容易表现出攻击性、冷漠和非伦理行为，这种现象被称为“去个性化”，即个体在群体中丧失自我认同，责任感分散，导致行为失控。在网络暴力中，算法精准把握人性弱点，将对事件作出极端化评价的内容优先推送到千万网民面前，极端言论因高互动率被算法放大，继而形成“数字围殴”，使网络暴力愈演愈烈。

从认知神经科学角度来看，持续不断的负面信息冲击就像一把钝刀，反复切割着我们的前额叶皮层——这个负责决策和情绪调节的重要脑区，在负面信息的轮番轰炸下，其活动逐渐受到抑制，导致我们的决策能力显著下降。与此同时，负面信息像点燃引信的火柴，瞬间激活大脑杏仁核，这里是情绪反应的“警报器”，尤其对恐惧和愤怒等情绪极为敏感。一旦被激活，大脑杏仁核会迅速引发一系列情绪波动，这些情绪波动不仅干扰我们的理性思考，还进一步抑制前额叶皮层的正常功能，形成恶性循环。

3. 失控：网络暴力不断升级

网络暴力加害为何如此容易？争议性事件本身又是如何失控并发酵成网络暴力的呢？网民作为网络暴力形成过程中不可或缺的一环，到底是什么在吞噬他们的理性？

（1）从“观点分歧”到“偏见强化”

AI根据用户偏好定制内容，从而强化偏见。在社交媒体和互联网环境中，个性化算法通过追踪用户的点击、浏览和搜索历史，构建精准的用户画像，并据此推荐高度符合用户兴趣的内容。这种“过滤漏斗”效应导致用户视野收窄，逐渐陷入单一的信息环境。同时，社交网络的回音室效应使用户更倾向于关注与自己观点相近的账号和群体，进一步加剧了信息同质化。这种机制虽然有助于信息的精确传播，但也带来了偏见强化的风险。

（2）语言暴力升级链

语言暴力是一个逐步升级的过程，从最初的理性讨论逐渐演变为人身攻击、人肉搜索，甚至线下骚扰，形成了一条清晰的语言暴力升级链。

在理性讨论阶段，双方通常能够就事论事，尊重彼此的观点。例如，在社交媒体上，用户可能就某个公共议题展开讨论，各自提出论据支持自己的观点。然而，当讨论升温时，情绪化的争论开始出现。一方可能因无法说服对方而变得情绪化，开始使用情绪化语言，甚至用侮辱性语言进行人身攻击。比如，在讨论中，某用户可能因对方不同意自己的观点而辱骂对方“无知”或“愚蠢”。

如果人身攻击未能奏效，攻击者可能进一步利用网络进行人肉搜索，挖掘对方的个人信息。例如，某网友因在社交媒体上发表了与多数人不同的观点，遭到其他用户的辱骂，随后其个人信息被公开，包括姓名、工作单位等。这些信息被公开后，可能会引发更严重的后果。

在极端情况下，语言暴力可能升级为线下骚扰。攻击者可能根据人肉搜索得到的信息，对受害者进行电话骚扰、跟踪甚至威胁。例如，某网友因观点不同被骚扰，甚至收到威胁信，要求其改变观点。这种线下骚扰行为不仅侵犯了受害者的个人隐私和人身安全，还可能对其心理造成伤害。

（3）开盒：受害者被AI系统化摧毁

受害者被系统化摧毁的过程，往往始于AI爬虫对黑历史的挖掘，这个过程被称为“开盒”。“开盒”原本是指在网络圈子里，通过各种手段去挖掘他人的真实身份信息。就像是打开一个盒子，把藏在网络昵称背后的真实姓名、家庭住址、联系方式、工作单位等私人信息全部暴露出来。

传统“开盒”依赖人工拼凑信息，被称为“人肉搜索”。AI给“开盒”提供了极大的便利。AI可以通过自然语言处理（NLP）和机器学习算法，快速分析海量公开数据（论坛发言、社交媒体动态、电商记录等），自动提取关键信息（如地址关键词、亲属关系、个人职业信息），并通过知识图谱技术将分散的信息点串联成完整的个人档案。AI技术被黑灰产业团伙所利用，个人信息几乎毫无防御之力，一旦被“开盒”，就可能会暴露在网络暴力之下。

在一些社交平台或者网络论坛上，如果有人与他人产生矛盾，恶意的一方可能会利用自己所掌握的有限线索，如对方的IP地址、曾提及的一些模糊的生活细节等，通过复杂的网络技术手段（如社工库查询、信息交叉比对等）和不正当的人肉搜索来拼凑出被攻击者完整的个人信息，给被攻击者带来严重的网络暴力伤害，甚至会危及个人心理健康与生命安全。

4. 如何治理网络暴力

治理网络暴力，需要个人、平台和国家立法三方面的共同努力，构建一个健康、理性、风清气正的网络空间。

（1）个人：“三秒原则”重建行为准则

在数字时代，每个人都是信息的发布者和接收者。我们的每一次点击、每一条评论，都在塑造着网络空间的风貌。要避免网络暴力，首先要从个人做起，重建数字时代的行为准则。

“三秒原则”是一个简单而有效的方法。在发布任何信息之前，强制自己思考三秒：“这会造成不可逆伤害吗？”这三秒，足以让我们冷静下来，理性地评估自己的言论可能带来的影响。比如，在社交媒体上看到一条引发争议的新闻，我们可能会立刻产生强烈的情绪反应，想要发表自己的看法。但如果在点击“发布”按钮前，先问自己这个问题，或许就能避免一场不必要的争吵，甚至是一场网络暴力的发生。

除了“三秒原则”，我们还可以借助一些工具来辅助自己。AI 内容过滤器能够实时检测言论的攻击性，帮助我们更好地控制自己的情绪和言辞。在使用这些工具时，我们不仅可以避免自己成为网络暴力的施暴者，还能及时发现并制止他人的恶意言论。

另外，匿名性自测工具也是保护自己的有效手段。通过使用匿名性自测工具，我们可以评估自己的个人信息泄露的风险，更好地保护自己的隐私。

（2）平台：从“流量至上”到“责任至上”

平台作为信息传播的载体，在治理网络暴力中扮演着至关重要的角色。然而，在流量至上的商业逻辑下，一些平台往往忽视了自身的社会责任，放任网络暴力的滋生和蔓延。要防范网络暴力，平台需从“流量至上”转变为“责任至上”。

①算法透明化

透明化改革是平台承担责任的第一步。欧盟《数字服务法案》为应对 AI 算法黑箱问题，要求平台提升内容推荐机制的透明度。该法案明确规定超大型平台须定期发布透明度报告，公开内容审核机制及算法应用标准，并向用户提供“非个性化推荐”选项，同时解释内容推荐的基本逻辑。这种透明化不仅有助于消除用户对平台的疑虑，还能促使平台更加谨慎地处理信息，避免传播有害内容。

②设立冷静期

设立冷静期机制也是平台避免网络暴力的有效手段。对争议内容延迟 24 小时推送，可以让用户有足够的时间冷静下来，理性地评估自己的言论。同时，平台也可以利用这段时间对争议内容进行审核和处理，避免有害信息的进一步传播。

③ AI 调解员

除了透明化改革、建立“冷静期”机制，平台还可以通过技术创新来防范网络暴力。设立 AI 调解员就是一个很好的办法。在聊天冲突升级时，AI 调解员可以主动介入，通过自然语言处理技术和情感分析技术，帮助用户化解矛盾，避免冲突进一步升级。

④保障基本的安全功能

《中国信息安全》杂志曾指出，作为内容治理的责任主体，平台虽然可以在技术能力和合规标准上采用第三方服务，但更需在功能设计和业务逻辑上充分考虑网络生态治理问题。平台对内容的生产和传播具有直接控制权限，通过设计一些基本的安全功能，就可以大幅降低风险内容的产生和传播，例如，禁止陌生人群发私信，对用户账号进行不同级别的身份核验，根据级别差异设计传播范围，对账号设计警告、禁言、封禁等处置措施，对生成内容设计完整的举报机制，对重点板块和高流量板块增加监控等。

⑤完善未成年人保护机制

应特别关注特殊群体的权益保护，如单独建立互联网内容的未成年人信息审核标准和互联网产品的未成年人模式，形成未成年人保护的链路闭环，向未成年人展示更为积极向上的网络信息内容，铲除“饭圈”文化和“网络厕所”等恶劣网络行为的滋生土壤。

（3）立法：为技术套上法治的缰绳

要治理网络暴力，立法是必不可少的手段。通过制定和完善相关法律法规，可以为技术套上法治的缰绳，让网络空间更加规范、有序。

中国在这方面已经迈出了坚实的步伐。为治理网络暴力，营造良好的网络生态，保障公民合法权益，维护社会公共利益，国家互联网信息办公室、公安部、文化和旅游部、国家广播电视总局联合出台《网络暴力信息治理规定》（2024 年 8 月 1 日起施行），从明确网络信息内容管理主体责任、建立健全预防预警机制、规范网络暴力信息和账号处置、强化用户权益保护、加强监督管理、明确法律责任等方面，为加强网络暴力治理提供有力支撑。

通过立法手段治理网络暴力，不仅可以保护用户的合法权益，还能维护网络空间的秩序和稳定。当然，立法并不是万能的，它需要结合个人和平台的努力，才能发挥最大的效用。

治理网络暴力是一场长期的战役，需要个人、平台和国家立法三方面的共同努力。个人要重建数字时代的行为准则，平台要从“流量至上”转变为“责任至上”，国家要通过立法为技术套上法治的缰绳。只有三方携手合作，才能构建一个健康、理性的网络空间，让网络成为我们健康生活的一部分，而不是暴力的源泉。

5. 被网暴了，如何保护自己

现在，没有谁能够打包票说自己一定不会遭遇网络暴力。要记住，被网暴了，不是你的错。一旦面对网络暴力，我们不能坐以待毙，而是要学会如何应对，保护自己。

（1）紧急止损操作指南

当网络暴力突然降临时，保持冷静和理智至关重要。我们需要采取一系列紧急措施，来阻止网络暴力的进一步扩散。

第一步：屏蔽伤害。立即暂停社交账号的公开互动，关闭非必要的私信功能，避免自己在情绪化状态下反复查看恶意言论，给自己造成二次心理创伤。若家人或朋友被牵连，告知他们暂时不要参与讨论或回应，同时向信任的人倾诉真实感受，避免情绪积压。

第二步：技术自救。使用区块链存证工具，如“百度超级链”“至信链”“蚂蚁链”等，可以固定证据，确保我们的遭遇被真实地记录下来。区块链的不可篡改性，使得这些证据在后续的司法程序中具有极高的可信度。同时，启用AI助理自动过滤私信，可以有效地屏蔽那些恶意的信息。

第三步：法律自救。向平台发送“电子律师函”。一些平台提供了AI生成的侵权通知模板，我们可以利用这些工具，向平台表明我们的立场，要求平台采取相应措施，删除侵权内容，阻止网络暴力的进一步传播。

在这个过程中，我们需要避免一个常见的误区：直接回击。直接回击往往会让算法进一步扩散我们的遭遇，使更多的人看到这些恶意的信息。人与人的悲喜并不相通，我们的不幸遭遇，有可能进一步刺激其他怀有恶意的人对我们发动攻击。因此，我们应该保持冷静，通过技术和法律手段来维护自己的权益。对那些扑面而来的恶意，应该像《三体》中那样：不要回应！不要回应！不要回应！

（2）调整心态，科学应对心理创伤

网络暴力不仅会对我们的身体造成伤害，更会对我们的心理造成巨大的冲击。长期遭受网络暴力可能导致焦虑、抑郁等心理问题。因此，科学应对心理创伤至关重要。

首先，我们要意识到部分攻击性言论来自虚拟 AI，而非现实中的人类，这意味着情况可能并没有我们看到的那么糟糕。AI 生成的言论往往缺乏人类的情感和同理心，躲在 AI 背后的人只是为了吸引眼球。了解到这一点，我们可以更好地调整自己的心态，减少对这些恶意言论的过度反应。

我们还可以利用 AI 心理干预系统来应对心理创伤。现代 AI 系统通过整合语音、文本、面部表情、生理信号等多模态数据，构建出立体的情绪感知网络。AI 运用声纹识别技术捕捉语速、语调、停顿等特征，准确判断焦虑、抑郁等情绪状态。

联系专业心理咨询师进行危机干预也是个办法，避免长期陷入自我怀疑。日常我们也可以通过“正念冥想”“情绪日记”重建心理边界，理解“被攻击不等于你有错”。

（3）司法路径的实战策略

一旦遭遇网络暴力攻击，建议立即咨询专业律师，由律师介入，采取专业的维权手段，通过司法鉴定确认电子证据效力，维权时需特别注意诉讼时效（通常民事侵权诉讼时效为 3 年）。

在这个过程中，立案证据清单是至关重要的。首先，我们需要收集足够的证据来证明自己的遭遇，使用录屏软件完整记录侵权内容（包括发布时间、点赞数、转发量、评论等细节），通过“公证云”等电子存证平台或线下公证处对证据进行固定；其次，向网络平台提交《侵权投诉通知书》要求删除相关内容。根据《中华人民共和国民法典》第 1195 条的规定，网络用户利用网络服务实施侵权行为的，权利人有权通知网络服务提供者采取删除、屏蔽、断开链接等必要措施。通知应当包括构成侵权的初步证据及权利人的真实身份信息。若涉及侮辱、诽谤等行为，可向公安机关报案并依据《中华人民共和国治安管理处罚法》第 42 条或《中华人民共和国刑法》第 246 条追究对方行政或刑事责任。同时可向侵权行为发生地或被告住所地法院提起民事诉讼，主张停止侵害、消除影响、赔礼道歉及精神损害赔偿，必要时可申请人格权侵害禁令要求行为人立即停止网络攻击。

当然，司法路径并不是一帆风顺的。它可能需要我们花费大量的时间和精力来收集证据，了解法律法规和进行诉讼。但在这个过程中，我们可以得到专业的法律支持和帮助，让我们的权益得到更好的保障。

2023 年，北京互联网法院公布了几起涉网络暴力典型案例，当事人果断采取了法律手段，最后得到了法律的公正裁决。

①通过网络实施性骚扰，法院判决赔偿3万元

原告徐女士起诉被告李某，在未经她同意的情况下肆意使用自己在微博账号里发布的照片，经过技术裁剪处理后，刻意将自己女性身体的敏感部位进行放大并公开用作其微博账号头像，先后发布了5条微博对徐女士进行侮辱和性骚扰[①]。

由于被告在微博中大量使用徐女士的照片，并配有淫秽、侮辱性语言，发布后还专门@徐女士，徐女士认为自己受到了严重的性骚扰，于是向公安机关报案，李某最终被公安机关给予行政拘留5日的处罚。被告李某被公安机关处罚后，徐女士向微博平台成功投诉，侵权微博被强制下线。但令徐女士想不到的是，被告李某仍通过微博私信等方式继续对自己进行侮辱和性骚扰。

法院审理后认为，依照《中华人民共和国民法典》第1010条规定：违背他人意愿，以言语、文字、图像、肢体行为等方式对他人实施性骚扰的，受害人有权依法请求行为

① 性骚扰，是一个"全面性教育名词"，《中华人民共和国民法典》第1010条规定：违背他人意愿，以言语、文字、图像、肢体行为等方式对他人实施性骚扰的，受害人有权依法请求行为人承担民事责任。机关、企业、学校等单位应当采取合理的预防、受理投诉、调查处置等措施，防止和制止利用职权、从属关系等实施性骚扰。本书以真实的网络暴力中的性骚扰事件为案例，旨在提升青少年对性骚扰的认知和防范能力。

人承担民事责任。最终认定被告李某的行为构成性骚扰，判决李某向徐女士赔礼道歉，并赔偿精神损害抚慰金 3 万元。

北京互联网法院法官张倩指出，在网络上，虽然并不存在实质性的肢体接触，但是以语言、文字、图片等形式发布不当内容，同样也构成性骚扰。在这个案件中，被告所发布的言论就极具侮辱性，同时还带有极强的性暗示，所以法院判定（他的网络暴力行为）构成了性骚扰。

②“网络大 V”转发不实文章恶意炒作，判赔 10 万元

原告陈某是一档综艺节目选手，系公众人物，被告周某是一名“娱乐大 V”、知名娱乐博主，拥有 600 多万粉丝。法庭上原告陈某诉称，被告于 2020 年 11 月 30 日通过其微博账号发表不实言论，称原告学术造假、爱妻人设破灭等，大肆造谣传谣，对原告进行恶意侮辱与诽谤，当日即引发 6372 次转载、2.2 万余条评论以及近 66 万次点赞，涉案话题一度登上当日微博热搜榜，引发网络高度关注与讨论。

原告认为，被告未经任何核实，发布虚假信息，造谣、抹黑原告的行为，对原告的名誉及声誉造成极为恶劣的影响，请求法院判令被告公开赔礼道歉并支付精神损害抚慰金 35 万元。

被告认为，自己只是搬运转载他人文章，不是第一发布者。转发时是用了“疑似学术造假”，属于中立性和猜测

性的言论，没有进行任何诽谤。

北京互联网法院法官朱阁认为，被告是一个娱乐相关的“大 V”，传播的言论又跟娱乐方面的事情相关，因此被告有更高的注意义务，但被告在转发的时候没有尽到这种基本义务，存在过错。经过被告的转发发酵，数据显示确实对原告造成了比较大的损害，影响范围广，法院认定这种行为构成了侵权。

法院判决被告通过涉案微博账号公开发布道歉信向原告赔礼道歉，并支付原告精神损害赔偿金 10 万元。被告上诉后，二审法院维持了一审判决。目前该判决已生效。

③“大 V”私信被骂后“挂人”泄愤被判侵权

网络不是法外之地，言论的表达不能突破法律规定和公序良俗的底线。治理网络暴力，每个人首先要做到的就是自己不主动对他人实施网暴，但当遭遇来自他人的网络暴力时，也不能“以暴制暴”，否则同样会承担侵权责任。

王某是微博平台的法律类“大 V”博主，粉丝数量近 50 万。微博用户范某还在大学就读，因与王某观点不同，通过微博私信向王某发送了侮辱性言辞，对王某及其家人进行辱骂。王某非常生气，就把范某的微博账号、个人照片、所就读大学的名称等个人信息公布出来，在微博上公开“挂人”，并连续发布多条微博和评论，使用了大量侮辱性言论对范某进行反击，引发许多网友关注、评论、转发。

王某为了报复范某，还在相关微博@了范某就读大学的账号以及大学学生会等组织和机构，对范某实施网暴。范某为息事宁人，通过微博私信多次向王某表达歉意，也曾发送致歉红包，但王某均未接受，并将范某诉至法院，请求判令范某在其个人微博及就读学校官网发布道歉信并支付精神损失费。

法院经审理认为，范某通过私信辱骂王某，言辞不文明，侮辱性强，损害了王某的人格尊严，构成对王某一般人格权的侵害。同时，王某作为具有影响力的“大V”博主、法律工作者，使用侮辱性言论并配以范某的照片，其行为超过合理限度，侵犯了范某的名誉权及肖像权。最后判决双方相互书面道歉，精神损害赔偿金额相互抵销。

北京互联网法院法官助理张亚光认为，王某作为“大V”，利用自己巨大的影响力，号召自己的粉丝，发动网民对一个大学生进行网络暴力和人肉搜索，其行为极其不可取。王某从一个网络暴力的受害者，最终变成了施暴者。

通过学习以上真实的司法案例，我们应该引以为戒，严守法律底线，抵制任何形式的网络暴力。当自身遭受网络暴力侵害时，要毫不犹豫、勇敢地拿起司法武器，维护自身合法权益。

第三篇

AI 时代，媒介素养的核心是什么？

七、培养批判性思维，成为一个独立思考的人

在AI蓬勃发展的今天，生成式AI正前所未有地大幅提升内容生产的效率。据统计，每日全球互联网上产生的数据量高达数万亿兆字节，包括实时更新的各类社交媒体、持续推送的各种新闻资讯等，信息如永不停息的洪流从四面八方向我们涌来。人们在享受信息盛宴的同时，殊不知正悄然陷入信息茧房构筑的认知迷城。AI时代，我们犹如置身于一片浓荫蔽日的信息丛林中，面对海量的碎片化、算法化的信息，难以辨别方向。

另一方面，AI技术也“便利”了我们的生活，“遇到问题问AI”成了人类日常生活的真实写照，人们只要懂得准确表达自己的问题，AI就能贴心地准备好答案。有人说现在查资料就像点外卖，下单问题—等待配送—知识套餐送达，不同的是，“AI骑手”只要3秒就能完成配送。知识或者说答案的获取似乎已不是最重要的了，真正重要的是提出问题的能力。也有人悲观地认为，人类的大脑会像长久未磨的刀，慢慢生锈变钝，逐渐丧失独立、深度思考的能力。

此时，我们不妨推开历史之窗，从人类辉煌的文明史

中找到思想的火炬——那些穿越千年时空的智慧或许藏着破解当下困境的密码。

第一站，抵达苏格拉底。这位以标志性的提问方式执着地追求真理，并用无尽的好奇心启迪思想的古希腊哲学家，在 2000 多年后的今天依然闪耀着智慧的光芒，或许我们在这位古希腊哲学家身上可以学习掌握在这个 AI 时代走出信息围城的关键。

苏格拉底和中国伟大的思想家孔子一样，他没有留下任何著作，但是他的生平和言行由他的弟子柏拉图和色诺芬记录了下来。通过他们的记录，我们知道了苏格拉底的方法论，他通过不断提问的方式，深刻影响了后来的哲学发展，始终启迪着人类的思想。

如果有提问者向他请教问题，他往往不直接给出答案，而是通过不断提问的方式，帮助被提问者不断结合现实世界的经验来进行思考，即使最后并未得出确切的答案，但这种方式足以启迪人们的智慧。这种刨根问底式追问法后来被称为“苏格拉底提问法”，又被称为“精神助产术”。

有一回，当时极负盛名的智者普罗泰戈拉来到了雅典，一位年轻人希波克拉底听说之后，兴奋地找到苏格拉底，要他代为引荐做普罗泰戈拉的学生。苏格拉底就问他打算学什么？年轻人说打算学智慧。苏格拉底就追问道，各行各业都有智慧，你具体要学什么？年轻人又说，打算学习演说的技艺。苏格拉底又问道，各行各业的人都有演说的技艺，你说的演说技艺跟这些比起来有何不同？小伙子当时就被问蒙了。苏格拉底指出，如果只是听说普罗泰戈拉名气很大，却不知道他是什么人的时候，不应该把自己的灵魂托付给他。

另一位以善于思考著称的人是中国古代哲学家庄子。有一次，庄子和惠子一起在濠水的桥上游玩。庄子说："鲦鱼在河水中游得多么悠闲自得，这是鱼的快乐啊！"惠子马上反驳道："你又不是鱼，哪里知道鱼是快乐的呢？"庄子顿时来了精神，用惠子的逻辑反问道："你又不是我，怎么知道我不知道鱼是快乐的呢？"惠子当然不会被问倒，立刻将计就计用同样的假设进行回应："我不是你，固然就不知道你的想法；但是你本来就不是鱼，所以你不知道鱼的快乐，这是可以完全确定的。"惠子的这个回答正好落到了庄子设问的圈套。庄子也不想继续和他争辩下去，于是哈哈一笑，说："请回到问题的开始，你问我，我从哪里知道鱼快乐这句话，就说明你已经很清楚我知道鱼很快乐，所以才来问我是从哪里知道的。现在我告诉你，我是在濠水的桥上知道的。"

东西方不同的历史故事却告诉我们同样的道理：人类

在追求智慧的过程中，敢于质疑的精神与批判性思维始终是照亮前路的明灯。

1921 年，爱因斯坦在获得诺贝尔物理学奖后，有记者问他声音的速度是多少，爱因斯坦拒绝回答，他说，你可以在任何一本物理书中查到答案。爱因斯坦的回答表明，得到答案并不是最重要的，相较而言，知道如何获取知识才更加重要。正如爱因斯坦在一次演讲中所说的那样：被放在首要位置的永远应该是独立思考和判断的总体能力的培养，而不是简单地得到答案。

1.AI 时代，批判性思维的重要性

（1）什么是批判性思维

批判性思维，通俗地说，是一种理性且深入的思考方式，它强调个体具备独立的见解，不盲目跟从他人观点，勇于对既有观念和现象提出疑问。批判性思维强的人，不会轻易接受表面的信息，而是会深入探究其背后的逻辑、证据和动机。他们善于运用逻辑推理和分析能力，对各种信息进行筛选、评估和判断，从而形成自己的观点和结论。

首先是质疑精神，敢于对已有的观点、理论提出疑问，不盲目接受。比如，在科学领域，爱因斯坦没有盲目接受牛顿的经典力学的运动观及绝对时空观，而是通过重新审

视光、时间和空间的关系，提出了相对论。

其次是逻辑分析能力，能够运用逻辑规则对信息进行分析和推理，判断其合理性和可靠性。就像苏格拉底，他通过一系列精心设计的提问，环环相扣，引导对话者进行反思，不断分析观点中的漏洞和矛盾，从而能够逐步接近“真理”。

最后是证据意识，注重寻找和评估证据，以支持或反驳某个观点。在面对复杂的社会现象和观点时，我们不能仅凭主观臆断，而要依据可靠的证据来作出判断。

批判性思维让我们敢于突破传统思维的束缚，从不同的角度思考问题，提出新的观点和解决方案。我们要学会对周围的一切事物保持好奇心，不轻易接受现成的答案。在学习和生活中，遇到问题时要多问几个“为什么”。我们也需要学习专业的逻辑知识，如形式逻辑、辩证逻辑等，来提高自己的逻辑思维能力。

（2）批判性思维在AI时代的价值

爱因斯坦曾经对量子力学的不确定性不屑一顾，认为是伪科学，他说“上帝不会掷骰子”，断然否定量子力学的存在。但随着时间的推移和科学研究的不断深入，量子力学逐渐得到了更多实验的验证和支持，量子计算机和量子通信技术也得到了蓬勃发展。这说明，人类认知的进步，总是通过“否定之否定”的批判性思维实现螺旋式上升。

在 AI 时代，批判性思维的价值越发凸显，它是人们应对信息爆炸、智能化决策和技术伦理问题的关键能力。

随着互联网和 AI 技术的发展，信息呈现出爆炸式增长。每天，我们都会接收到海量的信息，其中不乏虚假、误导性的内容。批判性思维能帮助我们在这纷繁复杂的信息海洋中保持清醒，不被虚假信息所迷惑。例如，在社交媒体上，各种未经证实的消息和谣言肆意传播，拥有批判性思维的人会对这些信息进行深入分析，通过多渠道核实信息来源，判断其真实性和可靠性，从而避免被误导。

虽然 AI 能够提供大量的数据和精准的分析，但最终的决策仍需人类来做。批判性思维可以让我们在面对 AI 给出的建议时，不盲目听从，而是结合自身的经验和知识，对决策的合理性和可行性进行评估。比如，在金融投资领域，AI 可以根据市场数据提供投资建议，但投资者运用批判性思维，能综合考虑宏观经济环境、行业发展趋势等因素，作出更明智的投资决策。

此外，AI 技术的发展也带来了一系列技术伦理问题，如隐私保护、算法偏见等。批判性思维促使我们对这些问题进行深入思考，关注技术发展对社会和人类的影响。例如，当我们使用智能设备时，会思考个人信息是否被合理使用；当看到AI算法产生的结果与常识相比存在偏差时，要质疑算法的公正性，并推动相关改进。总之，批判性思维是我们在AI时代保持理性和独立思考的重要保障。

（3）缺乏批判性思维的风险

在AI时代，缺乏批判性思维会带来诸多严重危害。“批判性思维钝化”和“数字健忘症”等现象，正是缺乏批判性思维的直观体现。某些反复出现的虚假、夸张的信息，一而再，再而三地被人转发，就是我们经常在网络上看到的现象。

缺乏批判性思维的人极易被误导。在信息爆炸的当下，虚假信息、误导性内容充斥网络。若没有批判性思维去甄别，人们很容易成为虚假信息的受害者。比如一些不良商家利用夸大其词的广告宣传，缺乏批判性思维的消费者可能会被这些虚假宣传所迷惑，购买到质量不佳甚至有害的产品。

失去独立思考能力也是缺乏批判性思维的一大危害。当人们习惯了被动地接受信息，依赖AI提供的答案，就会逐渐丧失主动思考的能力。长此以往，面对问题时无法独立分析和判断，只能盲目跟从他人的观点。假如在学术研究中，学者缺乏批判性思维，只是一味地引用他人的研究成果，而不进行独立且深入的思考，学术创新就会受到阻碍。

此外，缺乏批判性思维还可能导致人们在面对技术伦理问题时麻木不仁。对于 AI 技术带来的隐私泄露、算法偏见等问题，没有批判性思维的人可能不会意识到这些问题的严重性，从而无法推动技术的健康发展。总之，缺乏批判性思维会使我们在 AI 时代陷入被动和危险的境地。

2. 批判性思维与媒介素养

（1）批判性思维促进媒介素养提升

批判性思维在提升媒介素养方面发挥着至关重要的作用，它如同我们在媒介信息海洋中的导航仪，帮助我们辨别真假信息、评估信息价值并避免被误导。

在辨别真假信息方面，批判性思维使我们不盲目轻信所接收的内容。例如，社交媒体上经常流传一些耸人听闻的消息，如“某食物致癌”等。具备批判性思维的人不会立刻相信，而是会思考信息的来源是否可靠，是否有科学依据的支持。他们会通过查阅权威资料、咨询专业人士等方式进行核实，从而避免被虚假信息欺骗。

评估信息价值也是批判性思维的重要体现。在海量的媒介信息中，并非所有信息都具有同等价值。批判性思维让我们能够从多个角度分析信息，判断其对自己和社会的价值。比如，在面对一条商业广告时，我们会思考该产品是否真的符合自己的需求，广告宣传是否存在夸大成分。通过这样的思考，我们可以筛选出有价值的信息，避免被无用信息干扰。

批判性思维还能帮助我们避免被误导。在媒介环境中，有些信息可能存在偏见或误导性。例如，某些网上传播的内容可能受到利益集团的影响，呈现出片面的观点。具备批判性思维的人会保持警惕，从不同的渠道获取信息，对比分析，从而形成全面、客观的认识。他们不会轻易被单一的观点所左右，而是会通过自己的思考和判断，作出理性的决策。总之，批判性思维是提升媒介素养的关键因素，它让我们在媒介信息的洪流中保持清醒和独立。

（2）媒介素养提升批判性思维

接触和处理媒介信息是锻炼和提升批判性思维能力的有效途径。在媒介环境中，我们会接触到来自不同渠道、不同观点的信息，这促使我们从不同角度思考问题。例如，对于一个社会热点事件，不同的媒体可能会有不同的报道和解读。通过对比这些报道，我们可以发现观点的差异，进而思考为什么会出现这种差异，背后是否存在利益关系或立场倾向。这种多角度的思考方式能够拓宽我们的思维视野，让我们不再局限于单一的观点和思维模式。

分析信息背后的逻辑也是提升批判性思维的重要环节。媒介信息往往包含着各种逻辑关系，如因果关系、递进关系等。当我们处理这些信息时，需要深入分析其逻辑是否合理。比如，在一篇经济报道中，提到某政策的实施促进了某行业的发展，但我们需要思考这种因果关系是否成立，是否存在其他因素的影响。通过这样的分析，我们可以提高自己的逻辑推理能力，更加敏锐地识别信息中的逻辑漏洞。

此外，在参与作品创作、传播信息的过程中，我们也需要对自己的观点进行反思和完善。为了让自己的观点更有说服力，我们会不断思考如何组织语言、如何提供证据支持。这一过程也有助于提升我们的批判性思维能力，使我们在表达观点时更加严谨和准确。总之，媒介素养的提升能够为批判性思维的锻炼提供丰富的素材和实践机会。

3.AI 环境下，培养批判性思维怎么做？

（1）新闻敏感度与批判性思维

①保持对新闻的敏感度

在日常生活中，培养新闻敏感度是一项需要长期积累和实践的技能，它能帮助我们从平凡的生活中发现有价值的新闻线索。

理解新闻的本质是培养新闻敏感度的基础。新闻并非仅仅是对重大事件的报道，它也可以是身边那些看似微不足道却蕴含丰富意义的小事。新闻是对新近发生的、具有社会价值的事实的报道，这种价值可能体现在事件的时效性、真实性、重要性或趣味性上。只有理解了新闻的本质，我们才能在日常生活中更敏锐地捕捉到潜在的新闻线索。

运用5W1H原则是判断新闻价值的有效方法。即Who（谁）、What（发生了什么）、When（何时）、Where（何地）、Why（为什么）和How（如何发生）。任何一个事件，如果能够清晰地回答这些问题，那么它就有可能成为新闻。例如，在社区中发生了一起邻里纠纷事件，我们可以通过询问相关人员，了解事件的当事人、具体情况、发生时间和地点、纠纷产生的原因以及事件的发展过程等信息，从而判断该事件是否具有新闻价值。

新闻敏感度与批判性思维密切相关。批判性思维强调观察与思考，这有助于我们在日常生活中发现不寻常的细节。具备批判性思维的人，会对周围的事物保持好奇心和质疑精神，不会轻易放过那些看似平常却可能隐藏着新闻价值的现象。例如，当我们发现社区里的垃圾桶经常满溢时，批判性思维会促使我们思考背后的原因，是垃圾清理不及时，还是垃圾产生量过大等。通过深入调查和分析，我们可能会发现一个关于社区环境卫生管理的新闻线索。总之，培养新闻敏感度需要我们不断学习和实践，同时结合批判性思维，才能在平凡的生活中发现更多有价值的新闻。

② AI助力提升新闻敏感度

在当今时代，AI技术凭借其强大的功能，为提升新闻敏感度带来了前所未有的助力。

图像识别技术能够从海量的数据中，快速筛选出可能蕴含新闻线索的细节。例如，在军事报道中，AI图像识别可以对来自战场的照片或视频进行分析，及时识别出战斗双方的控制区域，推导出武器装备的损毁情况、战场面临的异常情况、潜在的战斗爆发地点等。这就可能使图片或视频成为有价值的新闻线索，记者可以进一步深入调查和报道战争的进展。这一技术已经在现在的军事报道中得到普遍应用。

AI语音识别技术也发挥着重要作用。它可以将各种音频资料快速、准确地转化为文字，大大提高了信息处理的效率。比如在会议、讲座等场合，语音识别能实时记录发言内容，记者可以迅速从中提取关键信息，判断是否具有新闻价值。如果在一场行业研讨会上，某位专家提出了一种全新的理论或观点，AI语音识别技术能让记者及时捕捉到这一信息，进而深入挖掘相关新闻。

AI 大数据分析能实时梳理各大平台的热点话题趋势。它不仅能呈现当下最热门的话题，还能深度剖析话题背后的受众情绪、传播路径等。例如，社交媒体上每天都会产生海量的用户数据，大数据分析可以从中发现某个话题的热度突然上升，以及不同地区、不同年龄段用户对该话题的关注度差异。记者可以基于这些深度洞察，更精准地把握社会热点，快速捕捉那些具有广泛社会价值的新闻点。比如当某部电影上映后，大数据分析发现观众对电影中某个情节的讨论异常热烈，记者就可以围绕这个情节展开调查，挖掘背后的故事和观众的看法，创作出有吸引力的新闻报道。总之，AI 技术为新闻敏感度的提升提供了有力的支持，让我们能更敏锐地捕捉到生活中的新闻线索。

（2）AI 环境下，人机协同提升批判性思维

①利用好 AI，在新闻创作中发挥批判性思维

在使用 AI 进行新闻创作的过程中，批判性思维是确保新闻真实性、价值和质量的关键因素。

核实信息来源是新闻真实性的基础保障。尽管 AI 能够快速收集大量信息，但这些信息的可靠性参差不齐。批判性思维促使新闻工作者不盲目依赖 AI 提供的内容，而是主动对信息来源进行多渠道核实。例如，当 AI 提供了一条关

于某企业重大决策的新闻线索时，记者会通过联系企业官方、查阅相关文件、咨询行业专家等方式，交叉验证信息的真实性，避免因虚假信息导致报道失实。

评估新闻价值是筛选新闻线索的重要环节。AI 可以提供海量的新闻素材，但并非所有素材都值得深入报道。批判性思维帮助新闻工作者从多个角度评估新闻价值，判断事件的时效性、重要性和趣味性。比如，在众多社会事件中，记者会思考该事件对公众的影响程度，是否具有普遍的社会意义等。只有经过这样的评估，才能确保投入新闻报道中的资源聚焦于真正有价值的事件。

采访与实地调查是获取第一手资料，提升新闻质量的有力手段。AI 虽然能提供一些数据和分析，但无法替代记者与当事人的直接交流和现场观察。批判性思维引导记者深入事件现场，与相关人员进行面对面的采访，获取更丰富、更真实的细节。例如，在报道一场自然灾害时，记者通过实地走访受灾群众，了解他们的真实需求和遭遇，使新闻报道更具感染力和可信度。

总之，在 AI 时代的新闻创作中，批判性思维不可或缺。它让新闻工作者在利用 AI 技术的同时，保持独立思考和严谨的态度，确保新闻既真实可靠又具有价值。

②利用AI，人机协同训练批判性思维

AI作为工具，为我们提供丰富的学习资源和案例，有利于我们培养批判性思维。通过在线学习平台，AI可以根据我们的学习需求和兴趣，推荐相关的书籍、文章、课程等学习资源。这些资源涵盖了不同的学科领域和观点，能够让我们接触到多样化的观点和思想，为我们提供丰富的知识和素材。

同时，AI还帮助收集和整理大量的实际案例，如商业案例、社会事件案例等。我们可以通过分析这些案例，运用批判性思维对案例中的问题、解决方案、结果等进行评估和反思，从而提高自己的批判性思维能力。例如，在学习企业管理时，AI可以提供各种企业成功和失败的案例，我们可以分析这些案例中企业的决策过程、战略选择等，思考其合理性和不足之处，从中汲取经验教训。

特别是，利用AI技术，我们还可以模拟各种真实情境，进行批判性思维训练。例如，一些教育类的AI软件可以创建虚拟的社会场景、科学实验场景等，让学生在模拟情境中面对各种问题和挑战，运用批判性思维去分析和解决问题。在虚拟的社会场景中，学生可能会遇到不同观点的冲突、复杂的人际关系问题等，他们需要通过质疑、分析、推理等方式来独立思考，最终找到解决问题的方法。这种模拟情境的训练方式能够让学生在实践中锻炼批判性思维，提高他们在真实情境中运用批判性思维的能力。而且，AI可以根据学生的表现提供实时反馈，帮助学生发现自己思维中的不足之处，及时调整和改进。

AI还可以辅助我们对信息和观点进行分析与评估，从而培养批判性思维。一些文本分析软件可以帮助我们分析文章的结构、逻辑关系、情感倾向等。通过这些软件的分析结果，我们可以更清晰地了解文章的内容，判断其论证是否合理，观点是否客观。同时，AI还能对我们自己的思考过程和结论进行评估。学生在写一篇议论文时可以使用AI工具检查文章的逻辑是否严密、证据是否充分等。AI会给出相应的建议和提示，帮助我们完善自己的思考和写作，提升批判性思维能力。此外，AI通过大数据分析，能为我们提供不同观点的对比和分析，让我们能够更全面地了解问题的不同方面，从而更好地进行批判性思考。

（3）锻炼批判性思维的日常小妙招

培养批判性思维可从多方面入手，以下是一些具体且具有实际操作性的方法。

第一，多问问题是培养批判性思维的基础。面对各种信息和现象，不要轻易接受，而是多问“为什么”“怎么样”“有什么依据”等。比如在阅读一篇新闻报道时，询问信息来源是否可靠，结论是如何得出的。通过不断提问，能促使自己深入思考，挖掘事物的本质。

第二，多元视角能拓宽思考维度。当遇到问题时，尝试从不同的立场和视角去分析。例如，在讨论一个社会热点事件时，不仅要考虑主流观点，还要站在弱势群体、利益相关方等不同角度去思考，这样能避免思维的片面性，更全面地认识问题。

第三，玩逻辑游戏也是提升批判性思维的有效途径。像数独、象棋、围棋等游戏，都需要运用逻辑推理和策略规划。在游戏过程中，要不断分析局势、预测对手的行动，这有助于锻炼逻辑思维能力和决策能力。

第四，评估信息是批判性思维的重要体现。在信息爆炸的时代，每天都会接触到大量的信息，需要学会筛选和评估。判断信息的真实性、可靠性和价值，识别其中可能存在的偏见和误导。可以通过查阅权威资料、对比不同来源的信息等方式进行评估。通过这些方法的实践和运用，能逐步培养和提升批判性思维能力。

最后，建议大家多读书。阅读是培养批判性思维的重要途径，阅读不仅可以帮助我们进行认知构建，同时还可以锻炼大脑思维能力。

阅读构建认知，打破信息茧房。阅读是接触不同观点的重要途径，电子产品无法将算法拒之门外，算法推荐的同质化信息像“思维快餐”，不仅没有逻辑性的推理，而且还会让我们进一步加深对与自己立场相同观点的认可，没有相悖或多元的观点来进行思想碰撞，也会让我们对自我的认知产生一定偏差，对世界的认知局限终使人成为井底之蛙。阅读可以让人认识到作者系统的逻辑链，让读者延伸对问题的思考，拓宽我们对世界的认知。

阅读可以锻炼思维耐力。当刷短视频时，大脑处于被动接收状态。而阅读需要主动解码文字、想象场景、整合信息——这种“费力”的过程，尤其是长篇文章更要求持续专注，大脑在复杂逻辑中穿行的过程，逻辑能力和思维耐力就锻炼出来了。

阅读可以提高信息认知力与决策能力。阅读让人能够识别碎片化信息中的深层含义，识别出“隐藏的操纵术”。阅读可以让人接收不同的信息，完善自己的认知体系，同时建立起系统的思维逻辑。一个人做决策的质量，往往与他掌握的知识成正比。决策的本质，是从多个选项中作出最优选择，而这个过程离不开对各类信息的了解、分析，形成综合判断。如果拥有丰富的知识储备，就可以拓宽我们的认知视野，往往能从更高的认知层面分析，对选项拥有洞若观火的判断力。

阅读吸收不同领域的知识，也能够有效地填补我们在某些方面的认知空白，这样在决策过程中，我们就能够更全面地分析问题、洞察本质，作出更为理性的判断。

总之，批判性思维是AI时代一种强大的思维武器，能够帮助我们在复杂多变的信息环境中保持清醒的头脑，作出明智的判断。我们通过培养质疑精神、提升逻辑分析能力、增强证据意识和多角度思考问题等方式，不断培养和提升自己的批判性思维。同时，我们不应该把AI视为“洪水猛兽”，要善于利用AI技术带来的便利，借助AI提供的丰富资源和辅助分析工具，更好地促进批判性思维的培养。

在AI时代的信息丛林里，提升媒介素养恰似为大脑安装防护软件，而批判性思维就是软件的核心引擎。人人皆需培养批判性思维，只有这样，我们才能在AI时代的浪潮中不被信息洪流淹没，成为真正具有独立思考能力和创新精神的“思维高手”，驾驭信息，创造信息。以独立思考始，经批判性思维之路，终能抵达“独立之精神，自由之思想”。

八、智性为盾，我的情绪我做主

AI 介入社交媒体的底层操作系统之后，我们的情绪就好像在坐过山车。这种情况可能是很多朋友的真实写照——刷短视频时突然鼻头一酸——80 多岁的老奶奶在街边售卖自制小布包，配以催泪 BGM（背景音乐），令人难受不已。可眼泪还没掉下，系统就推送了柴犬拆家的搞笑视频，屏幕前的你转而破涕为笑。哭哭笑笑间，又刷了几十条短视频。

在斯坦福大学实验室里，神经科学家们用功能磁共振成像（fMRI）扫描发现了一个现象：长期使用 AI 辅助决策的受试者前额叶皮层活跃区域面积缩减 12%。前额叶皮层位于我们额头后方，是大脑中最复杂的区域之一，它不仅负责计划、决策和解决问题，还控制着情绪调节以及对社会性行为的判断。可以说，这里是塑造我们“自我”的地方。然而，这部分“自我”却有可能被我们自己放弃。根据沃顿商学院庞托尼团队的追踪研究，全球 73% 的知识工作者已出现“认知外包综合征”，他们在做决策的过程中，AI 参与度超过 40%。这种深度交互不仅改变我们处理信息的方式，也在重构我们的认知模式。

从传播学角度，经常使用 AI 工具，也进一步符合了媒介依赖理论。媒介依赖理论指受众通过使用大众传媒获得特定的满足或达成一定的目标，如果他们缺乏其他替代性方式或资源，就会对大众传媒形成依赖；社会的变动越剧烈，人感受到的不确定感就越强，受众对大众传媒的依赖越深；社会越复杂，大众传媒在社会系统中担负的功能越多，受众对大众传媒的依赖也会越深。

在 AI 时代，对传播学的媒介依赖理论有了新解：人类越依赖 AI 工具，AI 工具越能影响人类认知模式的塑造。

1. 社交媒体上，跟你聊天的可能是 AI

AI 总在偷偷记录我们的喜怒哀乐。当它发现我们在浏览某类内容上停留的时间长，就会贴心地向我们传达信息："再看点类似的吧。"这就是各大社交平台 AI 个性化推荐的拿手好戏。

现在，各大社交平台，如抖音、微博、小红书等的 AI 算法的核心功能之一便是"个性化推荐"。各种社交 App 可以依据我们的浏览历史、搜索记录、点赞评论等多种多样的数据，精准洞察我们的兴趣偏好，进而为我们量身打造专属的信息流。也就是说，在刷手机的时候，我们的爱好都被"看光"了。不可避免的是，在我们使用社交平台而轻易获得快乐或忘乎自我的时候，已经无形地沉浸到算法为我们制造的情绪世界之中。

AI 算法在一定程度上方便我们获取信息，却不可避免地让我们陷入被操控的境地。举一个简单的例子，豆瓣作为文艺爱好者聚集地，其书单分享功能深受用户喜爱。AI 算法会根据你标记的“想读”“读过”的书籍类型，推荐类似题材、风格的新书。你若是钟情于悬疑推理小说，便会持续收到阿加莎·克里斯蒂、东野圭吾等作家的作品推荐，以及小众悬疑佳作的介绍。又如，小红书的 AI 算法会根据用户点赞、收藏的穿搭风格，推送相似主题的内容。你会发现，只是刷了三四条“新中式”类穿搭视频，首页就会出现类似博主的穿搭推荐、店铺分享等。AI 算法在商业逻辑的加持下会更加“肆无忌惮”。

AI 时代，大多数社交平台的算法推荐早已突破简单的兴趣匹配。它们能通过输入法预测未成形的愿望。比如，当你在聊天框输入“好想”时，自动补全的可能是“好想吃一顿海底捞”，而非“好想写作业”。而更进一步的技术发展，甚至可以不需要你发声，仅仅借助步态分析就可以判断你的情绪状态。手机上的传感器可以记录你的走路状态，如果发现你步伐拖沓，平台就可能给你推送轻松治愈的内容。平台甚至可以根据充电频率推算你的自制力水平。

在由 AI 算法驱动的社交平台中，我们看到的世界已经被加上了“专属滤镜”。我们以为在自由地浏览世界，实则走进了它搭建的“楚门的世界”。比如，在社交平台中引起热议的饮食习惯话题，这种最为平常的话题，也能在网络上分成两个截然对立的派别：健康派每天研究食品配料表，用健康 App 记录每一餐，看到防腐剂就紧张；享乐派专门打卡网红店，觉得美食就该让人开心，坚定“快乐水无罪论”。其实哪一种都不该被说“你不对”，但网络评论中两派之间或许就会引起极端的言论，大吵一架后仍无法和解，不满情绪充斥评论区，双方从卡路里吵到人生观，其实或多或少被 AI 算法投喂了情绪。一项调查表明，有相当一部分的“Z 世代”（出生于 1995 年至 2009 年间的年轻人）觉得算法推荐的内容比现实更可信。

2. 请君入瓮，AI 算法正在控制我们的情绪

如下情景基本上已经是我们每日上网都会遇到的现象。

第一，个性化推荐后的沉迷与焦虑。当你刷短视频的时候，看到一些配以“神曲”，乍一看让人十分热血沸腾的下饭视频，你是否有过一瞬间，感觉自己的心情被无形地牵引，忍不住看完一条，接着再看一条，就这样情不自禁地一直刷了下去，刷完之后不是愈加放松而是顿感焦虑呢？

第二，极端情绪让人冲动。当你在社交平台上看到某热评和自己的观点不同，甚至还有人言辞激烈地反驳你的评论时，你会不会一下子“上头”，隔着屏幕立刻“怼”了回去？你在敲打键盘、言语冲动的同时，现实中的情绪也久久不能平复呢？

第三，不知不觉伤害别人。当冥冥之中有一双无形的“推手”，正在根据你的喜好为你推送内容，无论是你感兴趣的音乐圈、游戏圈还是追星圈，你是否能察觉到自己越来越沉浸在一个“舒适圈”里？这时候，你在手机里建立起属于自己的一个“社交小天地”，乐此不疲地沉迷于虚拟的“激情社交”中，而屏幕另一头所谓的“好友”，可能正因网上的一句无心之言预备策划一场无声的“网暴”——你却一无所知呢？

更可怕的是，AI 算法会悄悄地给情绪推波助澜。比如你点赞了一条令人恼怒的社会新闻，系统就会像往火堆里添柴般，源源不断地推送更多同类内容，向你展示更多令人情绪冲动的评论。社会研究发现，学生们在网上讨论热点事件时，激动程度比现实中高出三成不止，就像集体喝了情绪兴奋剂，为了吸引更多的点赞和关注，观点也就变得越来越激进。

有一个值得关注的现象。比如，当某个群体开始流行

“EMO”（情绪化）标签时，AI 就会加速传播。比如微博的“深夜网抑云”话题爆火时，系统会把相关内容推送给更多相关的人，形成“悲伤共鸣圈”，加剧了人们的悲观情绪。

AI 时代，个人的情绪得到了极大的释放，互不相识的人之间的快乐、同情、悲伤等情绪也会相互感染。在关注量大的话题中，如微博热搜排行榜相关话题，数千万人的情绪可能一触即发——我们的情绪被网络环境左右，变得更加极端。

高涨的情绪有助于提升流量，因此，平台在挑动情绪方面总是不遗余力。每条推送下面的留言评论中，某些比较有争议性的内容往往得到重点展示，而当你在这样的评论下停留超过 5 秒（甚至更短）的时候，系统立即启动一套“争议”模式：先推送更多极端反对的话刺激你的神经，接着推荐“友军”的声援帖让你产生阵营归属感，最后诱导你留言，以便让你投入更多情绪。不可避免地，不同群体之间的“极端情绪”会被“放大”。

3. 多巴胺要有，内啡肽也不可或缺

社交平台利用 AI 算法精准投喂用户，在提升效率的同时，也让我们的认知世界变得像被修剪过的盆景，精致却失去了自然生长的活力，我们的生活、态度与心情还在自

由、健康地“成长”吗？

和手机 App 上的 AI 机器人聊天，有时甚至比与朋友聊天更能“取悦”我们自己；当我们在虚拟世界里和“AI 们”击掌相庆时，现实中的自己却逐渐失去与他人社交的兴趣与能力。虚拟世界就像一面魔镜，能照出我们理想中的自己，但过度沉迷就像喝多了气泡水，虽然爽口却容易胃胀。一位网友坦言：“在虚拟世界里我是社交达人，回到现实却连买奶茶都不敢和店员对视。”

在 AI 的加持下，社交媒体的算法很懂人心。实际上，这是 AI 算法在悄悄地操控我们的情绪。它无形地关注着你停留的每一秒、点的每一个赞，把你喜欢的那些令人感到愤怒、甜蜜、惊悚的内容，通过算法，像糖果一样源源不断地喂给你。这些极具吸引力的内容会持续刺激大脑分泌大量多巴胺，形成强烈的即时反馈机制，导致我们陷入刷短视频、浏览社交媒体的循环中难以自拔。

多巴胺是一种与奖励机制紧密相关的神经递质，被称为大脑的“动力引擎”。当我们期待或获得愉悦体验时，如美食、社交互动、游戏胜利等，大脑的伏隔核会分泌多巴胺，传递“想要更多”的信号。它的核心作用是激发欲望和动机，而非直接创造快乐。比如社交媒体上的点赞、新消息提醒，会刺激多巴胺分泌，让我们产生“继续滑动、渴望更多关注、与更多的人互动”等社交冲动。

多巴胺带来的愉悦感是一种“即时满足”，这种感觉来得快，去得也快，为了追逐这种感觉，人们渐渐陷入“追逐—满足—再追逐”的循环之中，甚至逐渐成瘾。沉迷于多巴胺，会让快乐的阈值越来越高：刚开始十条评论能让你开心，后来需要一百条、一千条，你的快乐“胃口”被越撑越大。

与此同时，另一种快乐却在悄悄消失。比如跑完步的畅快感，做完一件事的成就感，这些都来自内啡肽。它不像多巴胺那样来得快，而是需要你付出努力、克服困难才能得到，这种满足感被称作“延迟满足”，会更加持久，让人更加专注，愉悦的品质也更高。

但算法不会给你这样的机会，它只会给你推送几秒内就能看完的短视频，而不是一篇带来深度思考的长文。时间久了，对于某些沉迷于多巴胺快乐的人来说，大脑分泌内啡肽的“能力”变弱了，就像不用的肌肉会萎缩一样，一些原本的能力会逐渐衰退。比如，不再阅读长文章，不愿意进行深入的思考，更不愿意为了完成一件事情而付出长久的努力，“十年寒窗无人问”的努力和坚持逐渐被抛弃。

这样并不会真正让人快乐。越来越多的人觉得：刷完手机反而更空虚，离开社交软件就焦虑。这其实是大脑在提醒我们：当算法比我们更懂怎么让多巴胺分泌，当我们习惯了这种“即时快乐”，就慢慢失去了掌控情绪的能力。我们以为是在主动选择内容，其实是被算法牵着鼻子走；以为点赞能带来他人的认同，其实是把情绪的主动权交给了机器。那个曾经能从酣畅淋漓的努力中获得快乐的自己，正在被手机屏幕里的多巴胺陷阱一点点吞噬。

4. 情绪管理六大法，我的情绪我做主

现在，我们来简单回顾一下前文提到的几个关键词：从“个性化推荐”到“情绪焦虑”“极端情绪”，从“信息茧房”到“网络暴力”——这便是如今 AI 时代的情绪传播陷阱，如图 3.1 所示。

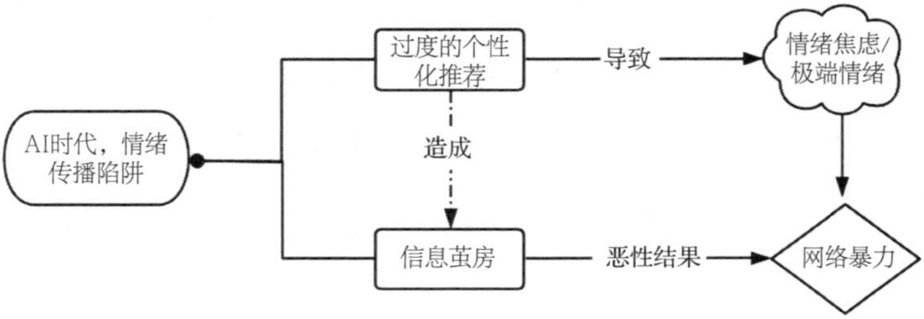

图 3.1 AI 时代的情绪传播陷阱示意图

我们试想一下，假如有这么一个人，他因为社交媒体的个性化推送而对某个领域更加感兴趣，而刷到越来越多

相似的短视频或推文后，他渐渐将自己的许多情感投注到这个圈子中，也结识了许多“网友”，他总是看自己想看的而忽视其他的存在，陷入了自己的世界。长此以往，某天有一个热点话题进入他的视线，他被某一条热点评论吸引，并猛地“上头”，开始和陌生人激烈对线，引发极端情绪；然而他说不过那么多人，越来越多的“陌生人”开始对他评头论足、言辞激烈，甚至羞辱他，这时他突然发现，自己被“网暴”了。

那么，在仔细地了解 AI 是如何让我们一步步走进情绪陷阱之后，更重要的当然是要学会应对之法：如何让我们的情绪不被轻易左右，让自己真正成为情绪的主人。AI 虽然聪明，却也有“弱点”，它只能根据我们的行为数据作出判断，只要学会几个简单实用的技巧，就能够反向给 AI 定规矩，把情绪的遥控器重新握在自己手里。

（1）给手机“定规矩”，掌握信息的主动权

用手机刷社交媒体，已成为我们获取信息的主要方式，但过量的信息输入会让我们处于“信息过载”的状态。因此，我们首先要控制手机的使用。

以华为手机和苹果手机为例：启用华为手机的“健康使用设备”功能（设置→健康使用设备→应用和元服务限额→设置时长）；启用苹果手机的“屏幕使用时间”功能

（设置→屏幕使用时间→ App 限额→添加限额→“社交”选项→设置时长）。可根据个人情况设置每日使用 App 的时间，如设置每日 90 分钟（这个时长是根据普通人注意力持续周期测算的健康阈值）。其他安卓手机用户可以在“健康使用手机”里设置“应用使用限制”来控制各种 App 的每日使用时间。（并非所有机型、操作系统都具有以上功能，有的操作提示也会存在一定差异，上述步骤仅供参考。）

在手机设置中，把短视频、社交媒体等 App 的推送通知全部关掉，每天的推送，绝大部分都不是那么重要，远离这些信息会让你更加清静，甚至可以关闭常用的聊天 App 的推送通知，可以在适当的时间集中看一下他人的留言，并进行回复。

（2）保证每天 3 个“不刷时间”，保持情绪的自控力

科学研究表明，人类在特定时段的情绪最容易被外界影响。为此，我们在 3 个特定的时刻，要控制手机的使用，避免出现情绪波动。

起床后 30 分钟：哈佛大学相关研究发现，刚睡醒时，大脑还处于 θ 波主导的“半休眠状态”，会把第一条接收到的信息默认设为“系统参数”。比如，起床后因刷到的一条视频而产生的情绪会不知不觉地伴随你一整天。这个时间段里，建议做一些舒缓的运动或者用听音乐替代刷手机。

睡前 1 小时：麻省理工学院的睡眠实验结果显示，睡前刷 AI 算法推荐的短视频会干扰大脑的生物钟调节机制，让大脑的“松果体闹钟”失灵。这些视频中的画面和内容的刺激，会让负责调控昼夜节律的松果体产生认知混淆，误判当前仍处于“白天”，从而抑制褪黑素的正常分泌。这种习惯会导致平均入睡时间延长 22 分钟，且睡眠质量下降 37%，出现多梦、易醒等现象，第二天无精打采，情绪不佳。建议睡前要有入睡仪式感，比如，选一本不需要用脑的轻松读物，打开床头阅读灯，用“纸质书 + 暖光”让自己慢慢静下心来，使大脑切换到睡眠模式。

生气时的 10 分钟：加州大学伯克利分校相关研究表明，当我们生气时，大脑负责理性思考的前额叶皮层活动会骤降 40%，此时刷手机就像醉酒后开车，看到任何反对意见都会火上浇油。而当我们就此发表意见时，就会使 AI 算法向我们推送同类内容，导致我们愈加愤怒，陷入恶性循环。有用户曾在吵架后刷到推荐的“离婚法律知识”，结果把小事闹到要分居的地步。建议对愤怒的情绪保持高度警惕，一旦发现不妥，要立刻停止使用手机刷社交媒体，多做几个深呼吸，引导情绪逐渐稳定。

（3）学会“反套路”，给 AI 喂点正能量

AI 算法就像一个善于模仿的学生，它的内容输出完全

建立在人类数据库的基础之上。你在看什么，它就会给你推什么。利用这个原理，我们可以反向操作，每次人机互动时，都可以反过来给 AI 喂料，以改善算法对我们的内容推荐。比如，当发现推荐内容变得负面时，可以执行“三正一负”法则：每看到 1 条负面内容，主动搜索并完整观看 3 条内容积极的视频，并进行 15 秒以上的有效互动，包括点赞、评论和收藏。此外，可以为自己的社交媒体账号创建“情绪净化列表”：在关注列表新建“治愈”分组，只保留经严格筛选的账号，如美食、萌宠、旅行 vlog、文学、学习技能等。有实验证明，持续接触此类内容两周后，向用户推送负面情绪的视频减少 68%。通过这种方式，就像给 AI 提供情绪价值，训练其更加关注积极阳光的内容。

（4）学会与 AI 对话，优化人机交互方式

人机交互中的情绪陷阱往往最易被忽视。首先，警惕“伪共情”陷阱，当 AI 说出“我理解你的感受”时，记住这只是预设响应。其次，优化提问方式，把情绪化提问“我该怎么办”转化为行动导向“请给出 3 个可立即执行的具体建议”。这样获得的回复实用度提升 3 倍。最后，设置 AI 交互原则：例如不用语音助手发泄情绪、不在深夜与 AI 进行深度对话等。微软研究院建议每日与 AI 互动的时长控制在 20 分钟以内。

（5）看到“爆款”先冷静，理性思考3个问题

当我们在刷手机时，会突然面对一些爆款内容的推送，尤其是那些极易令人激动的内容，马上就会影响我们的情绪。评论区早就沦陷，要么争吵激烈，要么一边倒支持或者反对。面对这种病毒式的情绪传播，我们需要立即退出，将手机反扣在桌面。有神经科学证实，这个动作能让多巴胺分泌水平在30秒内回落。

冷静下来之后，尝试思考以下3个问题：

第一，这件事有几种不同的说法？一般来说，任何事物都可以从多种角度进行分析，如果我们只看到单方面的观点，很容易就被某种言论左右，因此，为了避免一些片面之词，需要看看其他不同的观点，做到兼听则明。

第二，发布者是谁？有没有利益关联？对于广告商来说，流量就是金钱，因此有大量的营销号会利用AI发布虚假的、刺激的、挑动情绪的内容，当我们看到这些内容的时候，就需要看一看发布这些内容的账号的性质，是不是存在营销号故意制造矛盾、情绪，赚取流量的现象。

第三，和自身的生活有多大关系？虽然说一个人要关心社会，但这并不包括许多“狗血八卦”的事情。实际上，社交媒体上很多热点离我们的现实生活很远。一个当红或者过气的明星，说了句得罪人的话，也不会对我们的生活

构成影响。为此而影响自己的心情，毫无必要。

当然，如果该热点足够大，影响足够深远，而自己又确实想知道真相，那么应该避免在社交媒体上通过营销号获取信息，而应当直接访问政府官网或权威媒体进行查证，避免在评论区消耗精力。数据显示，参与网络争论平均会让人持续愤怒达 4 小时。

（6）放空大脑，学会给情绪“放假”

AI 算法加持下的网络空间，无论是接受知识内容，还是引发主体情绪，目前已对我们构成了过载冲击。青少年应当培养自己的“抗 AI 干扰”能力，学会在信息流中给情绪“放假”。

尝试手工劳动。频繁使用社交媒体，过度沉浸于虚拟世界降低了我们对真实世界的感知。可以在现实世界找点事做，可以尝试一些简单的手工活动或做点家务，比如折纸、拼图、洗碗、扫地、整理房间等，让我们的身心回归真实世界，恢复对真实世界的感知，暂时摆脱虚拟世界。

走出房间，走出虚拟空间，去感知真实的世界，小区里走一走，看看花园里的花、树上的鸟，每天花 10 分钟时间观察，并尝试与外界建立连接，感知自然，净化心灵。

用手写日记记录今天的心情，或长或短，可以言之有物，也可以无病呻吟，可以寥寥数语，也可以长篇论述，想到什么就用笔记录下来，比如，今天让你开心的一件小事，喝到喜欢的奶茶，看到一则令人感慨的消息等。写作是一种抽象思维的表达，也是一种与自我对话的方式，更是一种对情绪的梳理。

在这个刷屏上瘾的时代，你以为自己正在自由“冲浪”，实则是在社交媒体用AI算法制造的多巴胺海洋里“乘风破浪”。朋友圈的“焦虑制造”鸡汤、短视频的快乐狂欢，当标题党用“震惊”“爆哭”“速看”激起情绪，评论区用互撕的声浪淹没理性时，请给自己加筑上述6道智性防火墙。真正的情绪主权，始于承认每个点赞、转发按钮背后都暗藏着心理战场的清醒。

九、与算法共生，为自我留白

在当今这个信息爆炸的时代，AI已经深入我们生活的方方面面，从短视频平台的精准推送到购物App的个性化优惠推荐，它们就像一个个“信息管家”，贴心地为我们筛选和推送信息。这背后，就是算法在发挥作用，实际上，我们已经生活在一个“人与算法共生”的世界。

1. 什么是算法？

算法是我们在 AI 时代经常会提到的一个词，那么什么是算法呢？算法（Algorithm）是“解决特定问题的一系列明确、有限的步骤或规则”。在计算机科学中，算法是程序设计的核心，它告诉计算机“如何一步步完成任务”。它包括输入、输出，明确性、有限性和有效性等几个特征，从数学计算到人工智能，算法构成了数字世界运转的底层逻辑。

以泡茶为例，输入的是茶叶、水、茶具，输出的是茶水，中间包括准备材料，然后烧水，温杯，投茶，倒水，等待茶香溢出，温度合适之后便可饮用。算法就是按照类似的过程，让机器按部就班地进行工作，并且可以进一步优化。比如，自动判断水温，根据茶叶的类型决定泡茶的最佳时间和温度：绿茶浸泡 3 分钟，最佳水温 85 摄氏度；红茶浸泡 5 分钟，最佳水温 90 摄氏度。再引入喝茶人数这个变量，匹配茶叶量和水量，还得考虑到保持水温的需求，需要循环加热。

排序算法是计算机科学中最基础且应用最广泛的算法类型之一，其核心目标是将无序的数据序列重新排列为有序的数据序列。在谷歌的技术生态中，排序算法不仅被用于基础的数据处理，更深度融入搜索引擎、广告系统、云计算等核心业务，成为连接用户需求与信息价值的关键纽带。

谷歌搜索的本质是通过算法为用户查询、匹配最相关、最权威的网页，而排序算法是实现这一目标的核心技术。当面对浩如烟海的搜索结果时，如何找到最准确、最具有权威性的结果，并按顺序展示给用户？谷歌创始人拉里·佩奇提出了 PageRank 算法，其核心思想是通过网页之间的“投票机制”对网页权威性进行排序，本质上是一种“权重排序”。

比如，当用户搜索“人工智能”时，谷歌会优先通过关键词匹配找到相关网页，再用 PageRank 算法对网页按权重排序。对于网页本身的内容质量，算法是无法评估的。但是算法可以发现这些网页被人引用或者被其他网页链接的数量，佩奇发现，那些被人提到最多的，就是最重要的。因此，通过这种方式，最终将高权重的学术论文、权威媒体文章等排在搜索结果的前列。这一排序逻辑彻底改变了早期搜索引擎依赖关键词堆砌的乱象，让优质内容能够通过“链接投票”的机制脱颖而出。

短视频平台采用的推荐算法与我们的日常信息获取息息相关。当你发现短视频平台总能猜中你的喜好，推荐的视频让你欲罢不能，这背后正是协同过滤算法在施展魔法。

这套诞生于 1992 年，最早用于邮件过滤的推荐系统核心技术，如今已成为短视频平台的“智能中枢”。它的核心思想就像某种人类社交的底层逻辑：物以类聚，人以群分。

假如你是一个新用户，当你首次打开抖音时，系统会采用混合推荐策略：有 30% 的概率会推荐本地热门视频，这有点类似于 PageRank 算法，已经被许多人点赞、收藏，完播率、留言评论数都比较高的本地视频，会获得比较高的推荐概率；有 20% 的概率会展示平台头部创作者的内容，因为系统判断这些作者的视频既然能获得头部流量，想来对你也具有一定的吸引力；剩下 50% 则会采取随机试探的方式，系统一边向你推荐随机的内容，一边通过你的跳过、暂停等行为快速建模，分析你的行为模式，并且跟其他用户的行为进行比对，向你推荐跟你行为模式相接近的人喜欢的视频，从而触发跨用户推荐。比如系统注意到你喜欢萌宠视频，而跟你行为模式接近的用户同时也喜欢滑雪视频，于是，系统就会向你推荐滑雪视频。

从上述介绍我们可以看出，算法的好处多多。算法不仅是代码，更让机器拥有了“思考”能力，帮助我们处理越来越多的信息，适应越来越复杂的社会。一是提高效率，通过优化的方式，把原来需要耗时的工作提效无数倍。二是实现了自动化，机器可以代替人处理烦琐的计算问题。

三是简化流程，可以把复杂的问题简单化，很多看上去很复杂甚至难以完成的任务，都可以按照一定的方式进行分解，变成许许多多的步骤或者分项任务，每一个模块都是可以简化并且容易实现的，当所有的任务模块都组合起来的时候，就可以完成一个复杂的任务。

2. 花刺子模信使、洞穴人与信息茧房悖论

不过，在肯定算法带来好处的同时，也有必要指出，如果完全依赖于算法，也会给人类带来负面影响。

20 世纪 90 年代互联网刚兴起时，麻省理工学院的科技预言家尼葛洛庞帝就提出过一个设想：未来每个人都能拥有专属的《我的日报》。这份报纸会精准筛选出你感兴趣的话题和观点，提高信息获取的效率。这在当时看来是件好事——减少了无效信息的干扰，缩短了个人查找信息的时间。但法学家桑斯坦在《网络共和国》中敲响了警钟：这种“私人定制”的信息世界，存在着两面性，它既是个体信息自主权的张扬，但也暗藏着认知固化的风险。

桑斯坦把这种现象称为“信息茧房”。他认为，这种个人日报式的信息选择行为会导致网络茧房的形成。因为获取的都是自己喜欢看到的信息，于是人们就沉浸在单一信息带来的满足感之中，缺乏了解多元信息和不同观点的能

力。待在自己的信息舒适圈里，人们会逐渐主动放弃和外界接触的机会，尤其是不愿意接受和自己原本立场、观点相违背的信息，哪怕这些信息是真实的，这就相当于不知不觉间为自己制造了一个信息茧房。

信息茧房本质上是一种根植于人性弱点，由信息技术发展的内在矛盾所决定，并在 AI 时代被凸显出来的一种悖论。中国古代有句话叫“兼听则明，偏信则暗”。如果生活在“信息茧房”里，公众就不一定能够获取全面的信息，考虑问题就可能不周全，而且始终处于单一信息的状态之下，会因自身的先入之见而使某种观点根深蒂固。

然而，我们所处的社会是一个越来越复杂的社会，利益格局呈现多元化状态，人们对事物的看法也因为视角不同而有所侧重，认识事物时不能只从一方观点出发，而应该综合各方面的意见，才可能得出更为接近真相的认知。尽管有很多观点是我们不喜欢的，但对于我们认识事情的全貌而言极为重要，可以帮助我们看问题更加全面，这就像数字时代的花剌子模信使的故事。1995 年，作家王小波在《读书》杂志上发表了《花剌子模信使问题》一文，专门讲述了这个故事。

花剌子模是 13 世纪中亚的一个古国，一度非常强大，因为得罪了蒙古大汗成吉思汗，最终灭亡于成吉思汗的铁蹄之下。这个故事没有具体的出处，王小波本人也说这是一个野史，在《蒙古秘史》《史集》《元史》等历史典籍中也没有任何记载，所以更像是王小波为了表达自己的观点而创作的寓言故事。这个故事所表达的思想对提高我们的媒介素养有很强的参考价值。

原文说："据野史记载，中亚古国花剌子模有一古怪的风俗，凡是给君王带来好消息的信使，就会得到提升，给君王带来坏消息的人则会被送去喂老虎。于是将帅出征在外，凡麾下将士有功，就派他们给君王送好消息，以使他们得到提升；有罪，则派去送坏消息，顺便给国王的老虎送去食物。花剌子模是否真有这种风俗并不重要，重要的是这个故事所具有的说明意义，对它可以举一反三。敏锐的读者马上就能发现，花剌子模的君王有一种近似天真的品性，以为奖励带来好消息的人，就能鼓励好消息的到来，处死带来坏消息的人，就能根绝坏消息。"

从传播学的观点来看，这个故事里涉及两种人，第一种是君王，第二种是信使。君王就像信息的接收者，而信使则是信息的传播者。花剌子模信使的寓意就在于，如果信息的接收者只愿意接受单一信息，最终就会使自己丧失对真实世界的感知，需要作出决定的时候就会选择错误，并付出惨重的代价。王小波接着写道："假设可以对花剌子模君王讲道理，就可以说，首先有了不幸的事实，然后才有不幸的信息，信使是信息的中介，尤其的无辜。假如要反对不幸，应该直接反对不幸的事实，此后才能减少不幸的信息。”人类发明媒介技术的目的，是为了更好地掌握周围的信息，了解世界正在发生什么，知道自己所处的位置，从而让自己在回应外部世界时作出更好的选择。

柏拉图在《理想国》中叙述了一个经典的洞穴隐喻，现今也有不少学者借该理论研究传播现象。这个故事说的是一群囚徒生活在一个黑暗的洞穴里，囚徒们手脚被绑缚，不得动弹，连头也不能扭转，只能向前看洞穴的后壁。洞穴内外的联系系于一条能透光的狭窄通道，在洞外火光与囚徒之间，有一矮墙，就像傀儡戏演员在自己和观众之间设的一道屏障，囚徒们看到的景象就像皮影戏一样，所见之物犹如演员所举木偶出现在屏障上的影像。其中一个囚徒挣脱了束缚，逃向洞外，路途中逐渐意识到洞穴中所见之物并非事物的本真状态，而是虚假的投影。长期在黑暗的洞穴之中，见到火光时，逃脱的囚徒还觉得眩晕刺眼，最后逃出洞外，遇见太阳，而后又返回洞穴去拯救其他囚徒。花刺子模君王就相当于被关在洞穴里的囚徒，如果他将前来告知真相的信使杀害，那他就永远不可能走出洞穴。

如今的媒介技术发展已经到了人人都有一份自己的个

人日报的程度，这就相当于每个人都是自己的“花剌子模君王”。从人性的角度讲，人人都不喜欢坏消息，除了坏消息会让自己心情不愉快、压力增加，坏消息还可能会颠覆自己的认知。在认知模式中，每个人都有一套稳定的价值观，对世界有自己的认知，他会主动寻求证据来验证自己的认知。好消息会巩固自己的认知，坏消息则会破坏原有的认知。媒介素养较高的人，会意识到坏消息如果是真的，是对自己认知系统的补充和丰富，是自己之前没有能够觉察到的问题，对坏消息持一种开放姿态。

从技术的角度讲，当代人类与算法共生，已经成为不可避免的现实，AI 算法对内容进行分发、推荐，有助于我们在浩如烟海的信息流面前确保能高效地获取信息。因为我们早已告别了过去信息匮乏的时代，进入了一个信息超载的时代。

每天，无数的信息扑面而来。截至 2024 年 12 月，中国网民规模达 11.08 亿人，互联网普及率攀升至 78.6%，每天约有 8.6 亿部智能手机在产生数据——相当于每分钟产生 3.2 亿次屏幕点击。微信生态日均发送信息量突破 450 亿条，仅朋友圈每天的内容曝光量就超过 1500 亿次。抖音（含国际版 TikTok）中文区平台每分钟上传 3.8 万条新视频，用户日均观看时长突破 20 亿小时，相当于每个网民每天消费

2.26小时。美国加州大学伯克利分校的一项研究表明，现代人每天接触的信息量大约是174份报纸，早已超出人类大脑能够处理的极限信息量的好几倍。为此，现代人类专注力的时长从12秒下降到了8秒，多任务的工作效率下降了40%。

显然，在浩如烟海的现代信息生态面前，借助AI和算法来处理信息问题，帮助人们获得更有效的信息，提升信息获取的效率和质量，做减法而不是做加法，已经是不得不接纳的一种最优解。因此，人与算法共生是现代信息社会的常态。

“信息茧房”是针对信息技术革命所带来的哲学思考，与算法有关，更与人性有关。所以，在人与算法共生的时代，如何尽可能避免茧房效应，已经成为互联网平台的社会责任。相关平台也意识到了这个问题，开始采取措施进一步优化算法，让算法更好地为人类服务。2025年4月15日，抖音在北京举行“安全与信任中心开放日”活动，公开了最新的算法原理。抖音方面的负责人表示，作为人工智能机器学习技术的重要应用场景，推荐算法本质上是一套高效的信息过滤系统。在实际应用过程中，平台通常采取“人工+机器”协同的方式进行风险治理，并借助多目标体系算法主动打破“信息茧房”。

为此，抖音通过专门治理团队为算法设置“护栏”。创作者将内容上传至抖音后，先是机器识别，再是人工审核，如果判断没有大的问题，则获得基础流量进入下一环节（流量池）。而流量越高的内容，经过评估的次数越多，标准也越严格。内容被举报、评论区出现集中质疑、流量激增等情况出现，均可能触发再次审核，并导致停止进一步推荐和分发的处置。抖音算法工程师刘畅说：“我们的推荐系统以用户长期价值为目标，维持健康生态需要维系微妙的多样性平衡。”

抖音表示，抖音的算法已几乎不再依赖对内容和用户打标签，而是通过神经网络计算，预估用户行为，计算用户观看这条内容获得的价值总和，把排名靠前的内容推给用户。抖音算法考虑了众多目标，如完播、评论、点赞，对作者的长期消费、分享、跟拍等，力图计算出更符合用户长期价值的目标。

为引导算法打破“信息茧房”，抖音算法在多目标建模体系下，设置了专门的探索维度。一是对用户在平台上已经表现出的兴趣，尽可能推荐更多样的内容，通过多样性打散、多兴趣召回、扶持小众（长尾）兴趣等方法控制相似内容出现的频次。二是帮助用户探索更多新兴趣，采用随机推荐、基于用户社交关系拓展兴趣、搜索推荐联动、

“不感兴趣”不再展现等多种方式，让用户的主动行为影响推荐系统，使推荐更加个性化和多样化。

可以看出，互联网公司也高度重视“信息茧房”的问题，采用优化算法和内容治理双管齐下的措施。因为在 AI 时代，信息的质量同样影响到产业的竞争力。“信息茧房”或者说“花刺子模信使问题”，触及的并不仅仅是机器，更多的是个人的媒介素养。

3.AI 时代，必备的算法素养

算法素养是在信息时代背景下应运而生的一个重要概念。随着大数据、人工智能等技术的飞速发展，算法在社会生活的各个领域得到了广泛应用，深刻改变了人们的生活方式和社会运行模式。我们的日常生活几乎无法避免算法，与算法共生已经成为现代人数字生活的底层逻辑，所以，学会如何与算法相处，提升我们的算法素养，成了现代人社会生活的必备能力。

学者们认为，AI 时代的到来强化了技术环境对社会发展的影响，算法的广泛应用塑造着新的社会结构与规则，也对人们的信息处理能力提出了更高的要求。最早在 2017 年，亚利桑那州立大学副教授埃德·芬恩提出了算法素养，随后不同学者从不同角度对其进行了阐释和研究。算法素养被定义为：具备感知、理解和使用算法的能力，能够正确使用以算法为驱动力的产品并具备对算法社会的适应能力。

算法素养对个人具有多方面的重要意义。在信息爆炸的时代，具备算法素养能够增强个人的信息处理能力。面对海量的信息，具备算法素养的人可以借助算法工具，快速筛选出有价值的信息，避免被无用的信息淹没。例如，在搜索资料时，懂得运用搜索引擎的算法技巧，能更精准地找到所需内容。

同时，算法素养有助于提高个人的决策质量。通过对算法及其效应的客观评价，个人可以在决策过程中更好地利用算法提供的信息，避免受到算法偏见等因素的误导。比如在选择商品或服务时，参考算法推荐的同时，也能理性分析隐匿在背后的逻辑。

从未来职业发展角度看，算法素养已成为许多行业的必备技能。在科技、金融、营销等领域，掌握算法技术和具备算法思维的人才更具竞争力，能够获得更多的职业发展机会。

具体来说，所谓算法素养包括三个方面的能力：第一，了解算法，拥有使用算法及相关技术工具解决所遇问题的能力。第二，意识到并理解以算法为驱动力的社会及其运行规则。第三，能够对算法及其产生的正面、负面效应进行客观评价，具备算法风险意识。

（1）了解算法，具有运用算法工具的能力

在电商平台的商品推荐场景中，算法工具发挥了重要作用。以淘宝为例，平台每天会产生海量的用户行为数据，包括浏览商品、加入购物车、购买商品等。推荐算法会对这些数据进行分析，构建用户的兴趣模型。当用户再次登录平台时，系统会根据用户的兴趣模型，从海量商品中筛选出符合用户需求的商品，并将其展示在首页或搜索结果中。

比如，一位用户经常浏览运动装备类商品，购买过篮球鞋和运动背包，推荐算法就会判断该用户对运动装备有较高的兴趣。在后续的推荐中，会优先展示新款的运动服装、健身器材等商品。通过这种方式，电商平台提高了用户发现心仪商品的效率，增加了用户的购买转化率，同时也提升了用户的购物体验。

在新闻资讯的个性化推送方面，众多的新闻客户端是典型代表。它们利用算法对用户的阅读行为进行分析，包括阅读时间、阅读内容、点赞、评论等。根据这些数据，为用户构建兴趣画像，然后从海量的新闻资讯中筛选出符合用户兴趣的内容进行推送。例如，一位用户经常阅读科

技类新闻，新闻客户端就会为其推送最新的科技动态、科技产品评测等内容，让用户能够更高效地获取自己感兴趣的新闻信息。

对于其中所运用的算法工具，我们需要进一步了解，包括以下几种：

①搜索引擎算法

通过对网页内容进行抓取、索引和排序，帮助用户快速找到所需信息。它会根据关键词匹配、网页质量、用户行为等多方面因素进行排名，如百度搜索引擎，能在海量信息中筛选出与用户搜索词最相关的网页。

②推荐算法

基于用户的历史行为、兴趣偏好等数据，为用户推荐个性化的内容。例如电商平台的商品推荐，能根据用户的浏览、购买记录，精准推送符合用户需求的商品。

③机器学习算法

可以让计算机自动从数据中学习模式和规律，从而进行预测和决策。如图像识别算法，能识别图片中的物体、人脸等，广泛应用于安防、医疗等领域。

④数据挖掘算法

从大量数据中发现有价值的信息和知识。例如，关联规则挖掘算法，可以找出数据中不同项目之间的关联关系，帮助企业进行市场分析和营销策略制定。

在这个数字化的时代，AI 已经像一位“隐形的管家”，悄无声息地渗透到我们生活的各个角落。它似乎总能精准地猜到我们的心思，然后不厌其烦地推送各种“你以为你想要”的内容。无论是否从事互联网方面的工作，对于一个现代人来说，了解一些算法工具，知道其中的底层逻辑，才能做一个清醒的人。

（2）具备算法意识，理解算法驱动的社会底层逻辑

①理解算法对现代社会的塑造

算法正在深刻地塑造新的社会结构和规则。在信息传播方式上，算法改变了传统的信息传播模式。以往信息传播由媒体机构主导，受众被动接受。而现在，算法根据用户的兴趣和行为进行个性化信息推送，使得信息传播更加精准和高效。例如，在社交媒体平台上，用户看到的内容是根据算法推荐的，这导致信息传播呈现出圈层化的特点，用户更容易接触到与自己观点相似的信息。

在社交互动模式方面，算法也起到了重要作用。社交平台通过算法推荐好友、群组等，改变了人们的社交方式。人们可以更容易地结识与自己兴趣相投的人，但也可能导致社交圈子的同质化。这种塑造带来的影响是多方面的，一方面提高了信息传播和社交的效率，另一方面也可能加

剧信息茧房和社交隔离的问题。

②算法运行下的社会“潜规则”

数字劳工现象：在以算法为驱动力的社会中，大量用户在使用互联网平台时，其行为数据被平台收集和利用。这些数据成为平台的重要资产，而用户却往往没有得到相匹配的回报。例如外卖骑手，他们的工作数据被算法严格监控和管理，工作强度和压力不断增加，而收入却可能没有相应地提高。

算法歧视：算法在决策过程中可能会存在偏差，导致对某些群体的不公平对待。例如，在招聘过程中，算法可能会因为性别、种族等因素“歧视”求职者，影响他们的就业机会。

数据垄断：大型互联网平台通过积累大量的数据，形成了数据垄断。这使得其他企业难以与之竞争，可能会阻碍市场的创新和发展。

隐私侵犯：算法在收集和分析用户数据时，可能会侵犯用户的隐私。例如，一些 App 过度收集用户的个人信息，用于精准营销等目的，给用户带来了安全隐患。

（3）全面理解算法的作用

现代人类与算法共生已经成为一个事实，实际上，算法大规模运用于日常生活，对我们来说总体上是利大于弊的。

①算法总体上利大于弊

有助于提高信息获取效率。根据一项调查，使用搜索引擎算法后，用户找到所需信息的平均时间从原来的数小时缩短至几分钟。例如百度搜索引擎，每天处理数十亿次搜索请求，帮助用户快速获取信息。有人认为，人工智能介入之后，用户可以更精准地找到需要的内容，传统的搜索引擎甚至会被淘汰。

有助于在工作中提升效率。在企业办公中，使用办公自动化算法可以使工作流程更加高效。例如，某公司引入智能文档处理算法后，文档处理时间缩短了 50%。人工智能介入公文写作之后，公文会更加规范。

有助于优化资源配置。电商平台的推荐算法可以根据用户需求精准推荐商品，减少了商品的库存积压。某电商平台通过优化推荐算法，使商品库存周转率提高了 30%。

②推动算法素养提升

研究表明，当公众具备较高的算法素养时，能够更好地识别和抵制算法歧视，促进社会公平。例如，在招聘过程中，若求职者和招聘者都有算法素养，可减少因算法偏见导致的不公平现象，保障不同群体的平等就业机会。

算法素养的提升有助于培养更多创新型人才，推动科技创新。以科技企业为例，员工具备算法素养能够更好地参与算法研发和创新，推动人工智能、大数据等领域的技术进步。

公众算法素养的提升，可以增强对隐私泄露等问题的防范意识，保障信息安全。据统计，在算法素养普及较好的地区，用户因个人信息泄露遭受损失的案例明显减少。

③算法风险意识的培养

在学校教育中，开设相关课程，普及算法知识和风险意识，培养学生的批判性思维。在中小学阶段，可以开设算法相关的基础课程，引入简单的算法知识，培养学生的算法思维。可以组织校园科技社团，鼓励学生参加算法相关的科技研学活动，进一步理解算法逻辑，提升算法素养。

加强宣传推广，通过媒体宣传、公益活动等方式，向公众普及算法的原理和潜在风险，增强公众的自我保护意识，普及算法知识和风险意识，从而提升公众认知。例如，制作科普视频、举办线上讲座等，让更多的人了解算法。

政府和相关部门应建立健全算法监管机制，规范算法的开发和使用，保障公众的合法权益。应制定算法使用的规范和标准，加强对算法开发和应用的监管，确保算法的公平、公正和透明。同时，鼓励行业自律，引导企业合理使用算法技术。

鼓励公众参与算法的评估和监督，提高算法的透明度和公正性。还可以建立公共服务平台，为公众提供算法咨询和评估服务，让公众了解算法的原理和影响，对算法进行监督和评价，促进算法技术的健康发展。

第四篇

AI 时代，媒介技能升级指南

随着技术的飞速发展，一场媒介表达的全新变革正在到来，AI 工具的普及，不仅改变了获取信息的方式，也深刻地重塑了内容创作的逻辑。AI 的加入让创作变得高效且更加有趣。它能在几秒钟内帮你写出一篇文案、生成一幅插画，甚至剪辑一段视频。从“帮你做”到“和你一起做”，AI 工具正在成为人们创意表达的得力伙伴。对青少年来说，这不仅意味着更多创意表达的可能性，也意味着未来的创作方式将彻底改变。

但 AI 工具的强大也带来了新的问题：当 AI 生成内容变得越来越方便，个人创意应该如何体现？当社交媒体上充斥着 AI 生成的图文作品，如何让自己的作品脱颖而出？在这个技术与创意相互碰撞的时代，青少年需要的是驾驭工具、表达自我的智慧，而不是依赖工具。纵观人类文明发展的历史，每一项具有划时代意义的技术的诞生都将给人类社会的发展带来质的改变。而人类的伟大在于有足够的智慧，不仅能够创造技术，更在于能够始终保持对技术与工具的反思与超越。AI 只是辅助手段，我们并不能完全依赖它，将它当作应付学习的工具，不再主动思考，逐渐丧失自身的独立思考、表达、创造等能力，只会对自身的成长百害而无一利。

认识到这一点，本文将继续带你一起探索 AI 工具在新媒体创作中的无限可能。从它们的历史演变到国内外的应用现状，再到具体的使用案例和技巧，一步步揭开 AI 工具的创作潜力，帮助你在这个技术赋能的时代，成为真正的创意主导者。

十、AI工具知多少?

AI 工具的出现，就像为人类的创意插上了翅膀，但在这个全新的时代，我们与工具的关系也在发生转变。过去，工具只是单纯的“执行者”，我们用它完成任务；而现在，AI 更像一个“合作伙伴”，它执行得很好，但需要我们正确地发出指令。

尤其对于青少年来说，学会使用 AI 工具不仅仅是“会操作”，更是“会沟通”。要想真正用好这些工具，你得像一位指挥官，学会清晰地表达需求，制定规则，甚至调整策略。接下来，我们将带你了解 AI 工具，并对它们进行分类，理解角色的转变，掌握提示词工程，让你在 AI 时代成为一名“创意作者”。

1. 带你认识 AI 工具

AI 工具种类繁多，但按照核心功能，大致可以分为三类：

（1）AI 写手：文字生成工具

这是最早“出圈”的 AI 功能之一，能够根据提示生成各种形式的文字内容，如文章、对话，甚至可以模仿某种特定的写作风格。

典型应用：社交媒体文案、新闻写作、剧本创作、视频脚本创作等。

代表工具：ChatGPT、文心一言、DeepSeek、豆包等。

（2）AI 画师：图像生成工具

AI 不仅会写字，还能画画。只需输入一句话，它就能生成相应的插画、设计图，甚至风格独特的艺术作品。

典型应用：社交媒体配图、品牌广告、概念艺术、游戏场景设计等。

代表工具：Midjourney、DALL·E、文心一格、即梦 AI、可灵 AI 等。

（3）AI 导演：视频生成工具

“AI 导演”，即视频生成工具，是生成式 AI 的新赛道，它能根据文字、图片，甚至简单的草图生成动态视频作品，让视频创作变得前所未有的高效。

典型应用：短视频创作、广告制作、动画片段生成等。

代表工具：Runway、Pika Labs、即梦 AI、可灵 AI 等。

（4）AI 工具使用小贴士

除了这三大类别，有些 AI 工具其实是“多模态”的，比如文心一言既能生成文案，也能生成图像；Runway 不仅能生成视频，还能编辑图像。这些工具的功能边界并不固定，了解分类只是入门，真正的关键是——如何灵活使用它们，为自己的创意表达服务。

2. 提示词工程：学会与 AI 对话

在这个 AI 时代，学会使用 AI 工具不仅要懂操作，更要懂沟通。AI 更像一位创意合作伙伴，虽然“聪明”，能记住海量信息，完成你无法想象的复杂任务，但前提是你需要告诉它该做什么，怎么做，做到什么程度。换句话说，你是“指挥官”，你的指令越清晰、越具体，AI 的表现就越出色。这就是提示词工程（Prompt Engineering）的核心所在：你与 AI 对话的方式，决定了它能为你创造出怎样的价值。

（1）什么是提示词工程?

提示词工程听起来高深，但其实它的逻辑很简单：用清晰、具体、有效的语言告诉 AI 你想要什么，让它按照你的要求生成结果。

这就像写剧本，你是编剧，AI是演员。剧本写得越详细，演员的表演就越细腻，越符合你的期待。如果你只丢下一句“去表演一个开心的场景”，演员可能随便笑笑就算了；但如果你告诉他“在一个阳光明媚的公园里，表现听到下个月要去旅游时的高兴”，他就能演出更丰富的情感层次。

AI也是如此。想让它帮你生成文案、图片，甚至制作短视频，必须用明确的提示词告诉它任务需求、输出风格和目标效果。说白了，和AI聊天也要讲究技巧，这就是提示词工程的意义所在。

（2）提示词的基本结构

AI生成的内容，归根结底还是依赖于你提供的信息，如果你的提示词不够明确，或者信息不完整，AI很可能会给出偏离预期的答案。

和AI合作时，你不仅要学会如何精准表达，还要有反复调整和反馈的能力，不断优化你的指令，让AI能真正理解你的意图。而要学会提示词工程，首先要理解一个好的提示词的基本框架。好的提示词就像一份清晰的工作说明书，通常包括以下几个部分：

①任务描述

你需要用一句话告诉 AI 你想让它做什么。例如：

写一篇关于绿色环保主题的演讲稿。

如果你想让 AI 帮助你生成一篇文章，你要告诉它文章的体裁，如演讲稿、书评、随笔、新闻报道等。此外，也要明确主题，即文章的主要内容是什么，涉及什么领域。最好还能提供文章的背景或目的、意义等信息，给 AI 提供必要的前置信息，帮助它更好地理解你的需求。例如：

这篇演讲稿主要是为了在日常生活中普及环保理念。

②目标受众

你需要明确文章的潜在读者、目标受众，方便 AI 调整语言风格和内容深度。例如：

这篇文章的目标读者是 12 到 16 岁的青少年。

③语气和风格

你需要指定输出内容的表达方式，如幽默、正式或轻松活泼。例如：

用轻松幽默的语气讲述，适合课堂演讲。

④格式和限制

规定输出的形式和范围，比如字数、段落结构等。例如：

把演讲稿控制在 500 字以内，用条列式总结 3 个主要观点。

把这几个部分整合在一起，我们就完成了一条基础的提示词指令，发送给 AI 工具（这里以 DeepSeek 为例），就可以得到一篇基本满足要求的演讲稿，如图 4.1 所示。

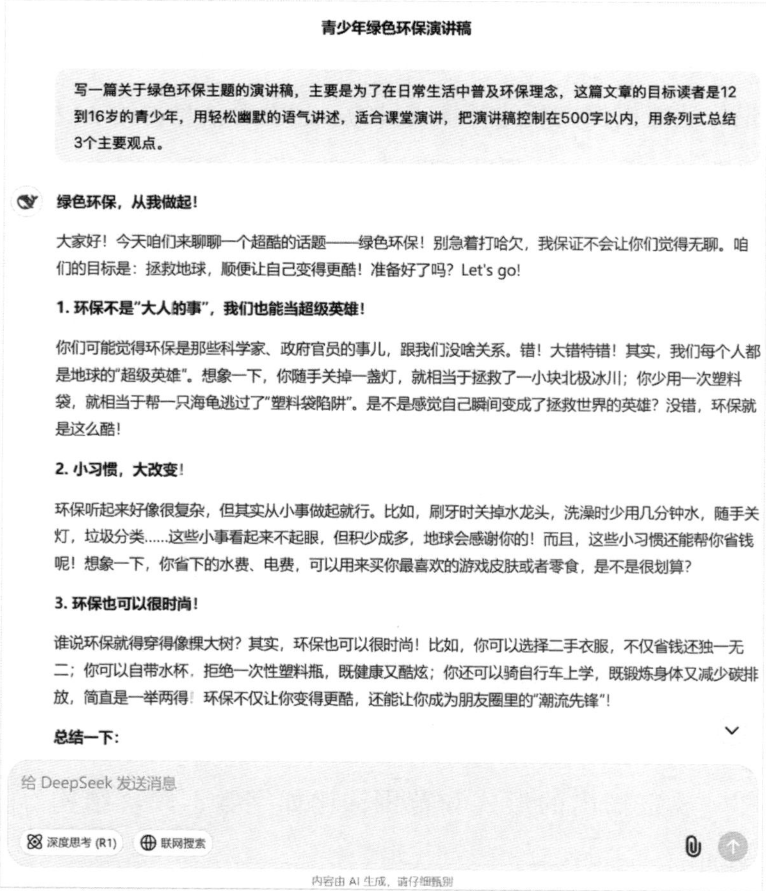

图 4.1　用 DeepSeek 初步生成一篇演讲稿

（3）迭代：补充更多细节

按照以上操作步骤输入指令，生成一篇演讲稿，恭喜你已经学会了提示词工程的基本结构和基础的提问方式。这意味着在与 AI 交流这件事上，你成了入门级选手。同时你可能会发现：尽管 AI 给出了答复，但与你真正需要的还有些差距，这时该怎么办呢？

和 AI 对话的过程，是一个不断磨合的过程。初次的提示词可能会不够精准，但通过反复调整和优化，你可以一步步接近理想结果。这就是提示词工程中非常重要的一环——迭代。这也是我们接下来要做的工作：进行迭代，不断补充细节、不断调整，完善我们的提示词指令。接下来让我们一步一步完善关于“绿色环保”这个主题的演讲稿，让 AI 生成的演讲稿更加贴近我们的需求。

第一步：调整结构，让内容更有层次感。

在提示词中加入更详细的要求，让 AI 按照更清晰的逻辑结构来写作，例如：

写一篇面向青少年的环保主题演讲稿，要求结构清晰，包括：1. 吸引人的开头；2. 讲述一个生动的环保案例；3. 提出青少年可以参与的环保行动；4. 结尾进行有力的号召。

AI 会继续优化结构，使演讲稿更具有逻辑性，如图 4.2 所示。

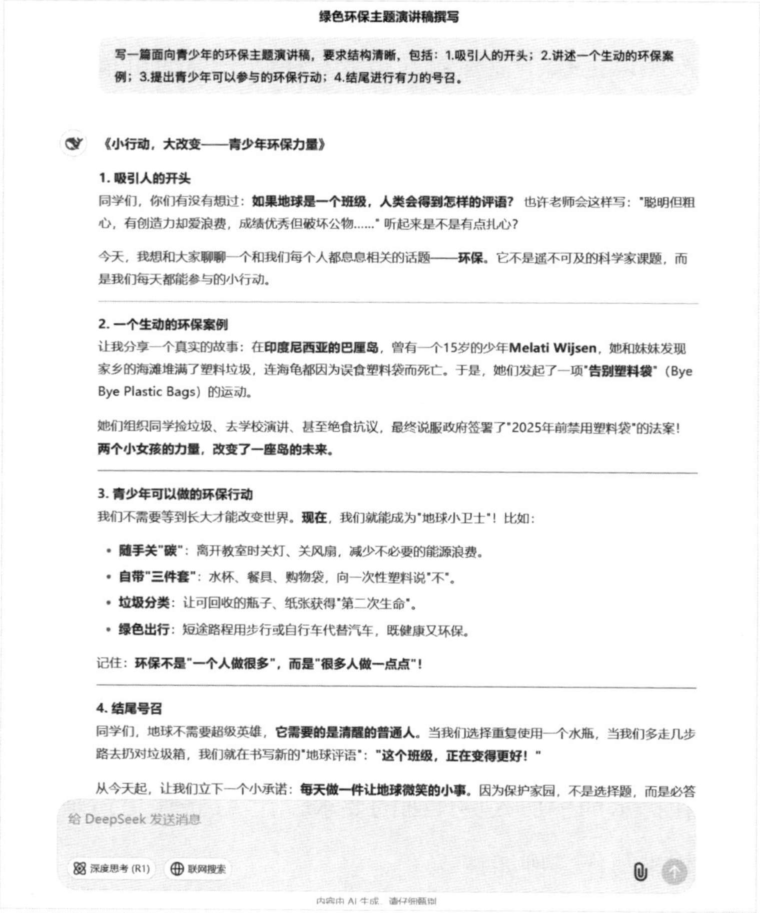

图 4.2　用 DeepSeek 优化演讲稿结构

第二步：丰富表达方式，增加数据与案例。

为了增强说服力，我们可以在提示词中要求 AI 加入名人名言、科学数据或现实案例，如图 4.3 所示。

写一篇面向青少年的环保主题演讲稿，在开头使用一个吸引人的故事或比喻，并至少引用一个与环保相关的真实案例。

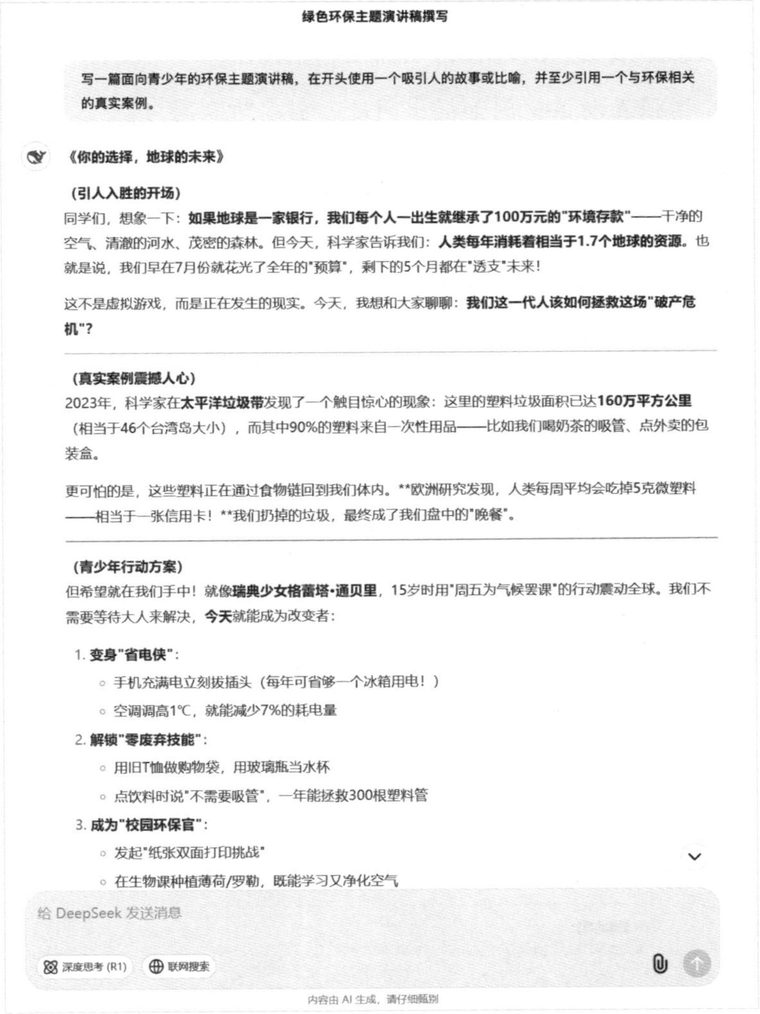
绿色环保主题演讲稿撰写

写一篇面向青少年的环保主题演讲稿，在开头使用一个吸引人的故事或比喻，并至少引用一个与环保相关的真实案例。

《你的选择，地球的未来》

（引人入胜的开场）

同学们，想象一下：**如果地球是一家银行，我们每个人一出生就继承了100万元的"环境存款"**——干净的空气、清澈的河水、茂密的森林。但今天，科学家告诉我们：**人类每年消耗着相当于1.7个地球的资源。**也就是说，我们早在7月份就花光了全年的"预算"，剩下的5个月都在"透支"未来！

这不是虚拟游戏，而是正在发生的现实。今天，我想和大家聊聊：**我们这一代人该如何拯救这场"破产危机"？**

（真实案例震撼人心）

2023年，科学家在**太平洋垃圾带**发现了一个触目惊心的现象：这里的塑料垃圾面积已达**160万平方公里**（相当于46个台湾岛大小），而其中90%的塑料来自一次性用品——比如我们喝奶茶的吸管、点外卖的包装盒。

更可怕的是，这些塑料正在通过食物链回到我们体内。**欧洲研究发现，人类每周平均会吃掉5克微塑料——相当于一张信用卡！**我们扔掉的垃圾，最终成了我们盘中的"晚餐"。

（青少年行动方案）

但希望就在我们手中！就像**瑞典少女格蕾塔·通贝里**，15岁时用"周五为气候罢课"的行动震动全球。我们不需要等待大人来解决，**今天**就能成为改变者：

1. **变身"省电侠"**：
   - 手机充满电立刻拔插头（每年可省够一个冰箱用电！）
   - 空调调高1℃，就能减少7%的耗电量
2. **解锁"零废弃技能"**：
   - 用旧T恤做购物袋，用玻璃瓶当水杯
   - 点饮料时说"不需要吸管"，一年能拯救300根塑料管
3. **成为"校园环保官"**：
   - 发起"纸张双面打印挑战"
   - 在生物课种植薄荷/罗勒，既能学习又净化空气

给 DeepSeek 发送消息

深度思考 (R1)　联网搜索

内容由 AI 生成，请仔细甄别

图 4.3　用 DeepSeek 丰富演讲稿的表达方式

第三步：增强互动性，让听众真正参与进来。

演讲不只是单方面的信息传递，更要引导听众思考，增强互动性。我们可以修改提示词，让 AI 加入提问、引导听众思考或参与的内容，如图 4.4 所示。

增强互动性，例如提出问题，引导听众思考。

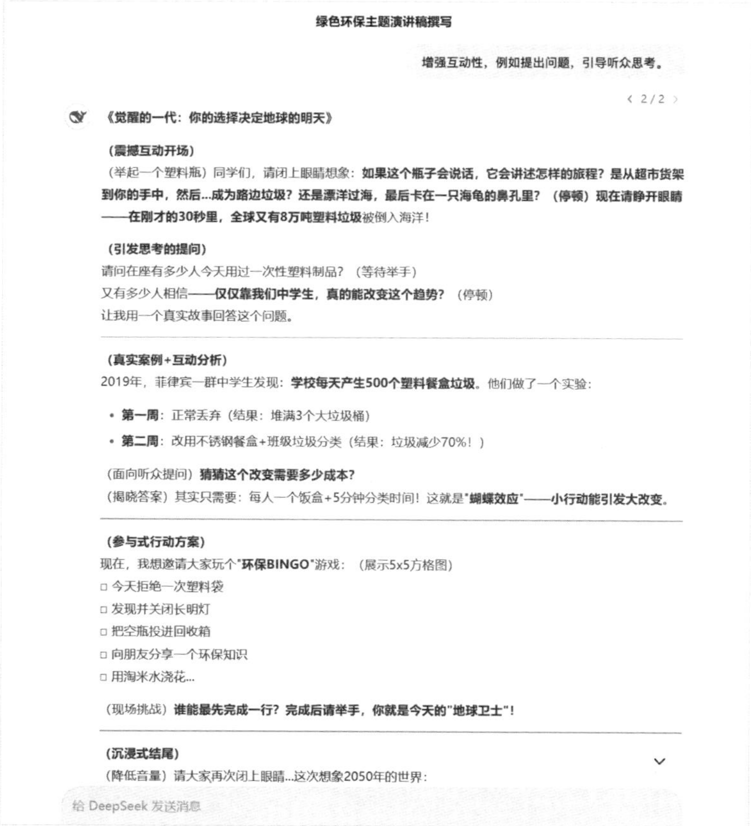
绿色环保主题演讲稿撰写

增强互动性，例如提出问题，引导听众思考。

‹ 2 / 2 ›

《觉醒的一代：你的选择决定地球的明天》

（震撼互动开场）

（举起一个塑料瓶）同学们，请闭上眼睛想象：**如果这个瓶子会说话，它会讲述怎样的旅程？是从超市货架到你的手中，然后...成为路边垃圾？还是漂洋过海，最后卡在一只海龟的鼻孔里？（停顿）现在请睁开眼睛——在刚才的30秒里，全球又有8万吨塑料垃圾**被倒入海洋！

（引发思考的提问）

请问在座有多少人今天用过一次性塑料制品？（等待举手）

又有多少人相信——**仅仅靠我们中学生，真的能改变这个趋势？**（停顿）

让我用一个真实故事回答这个问题。

（真实案例+互动分析）

2019年，菲律宾一群中学生发现：**学校每天产生500个塑料餐盒垃圾**。他们做了一个实验：

- **第一周**：正常丢弃（结果：堆满3个大垃圾桶）
- **第二周**：改用不锈钢餐盒+班级垃圾分类（结果：垃圾减少70%！）

（面向听众提问）**猜猜这个改变需要多少成本？**

（揭晓答案）其实只需要：每人一个饭盒+5分钟分类时间！这就是"**蝴蝶效应"——小行动能引发大改变。**

（参与式行动方案）

现在，我想邀请大家玩个"**环保BINGO**"游戏：（展示5x5方格图）

□ 今天拒绝一次塑料袋

□ 发现并关闭长明灯

□ 把空瓶投进回收箱

□ 向朋友分享一个环保知识

□ 用淘米水浇花...

（现场挑战）**谁能最先完成一行？完成后请举手，你就是今天的"地球卫士"！**

（沉浸式结尾）

（降低音量）请大家再次闭上眼睛...这次想象2050年的世界：

给 DeepSeek 发送消息

图 4.4　用 DeepSeek 增强演讲稿的互动性

通过这些步骤不断地迭代你的提示词，最终你可以用 AI 生成最符合你要求的文本。当然这里只是一个简单的示范，帮助你掌握提示词工程的基本逻辑框架，实践出真知，在实际运用中需要你自己去探索具体的过程，学会举一反三。但请记得，与 AI 对话时，无论如何，你都需要保持耐心、多轮沟通，并且把主导权牢牢地握在自己手中。此外，我们对 AI 给出的“答案”应当保持谨慎的态度，要记得对事实进行核查，对信息进行判断，通过自己的思考，进行综合分析、判断、总结，取其精华去其糟粕。

（4）提示词工程高手锦囊

相信你已经摸清了与 AI 沟通的基本门道，但提示词工程可远不止这些！这是一条既漫长又充满惊喜的探索之路，我们每个人都在不断学习、不断升级自己的“AI 沟通术”。其实，和 AI 合作的过程中藏着不少小技巧，用好了绝对能让你的“功力”突飞猛进。无论是给 AI 设定一个有趣的角色，还是通过多轮对话优化结果，每一次尝试都会让你离“提示词高手”更近一步。

从简单开始：先尝试简单的任务，再逐步增加细节，避免一开始就让 AI 处理复杂任务。

多轮交流：与 AI 互动几次，通过实时调整提示词逐步优化输出结果。

设定角色：给 AI 设定一个具体角色，比如“你是一位科幻小说作家”，让它生成的内容更贴近你的需求。

明确限制：规定字数、格式或风格，避免 AI 生成内容过长或偏离主题。

反复强调：当提出的修改意见较多时，在结尾加上一句：“请仔细阅读、再次确认我的要求，慢慢思考！”能帮助提升与 AI 的沟通效率。

保持耐心：AI 的输出可能不完美，但通过反复沟通，你会发现更多可能性。

提示词工程不仅仅是一种技能，更是一种思维方式。它教会我们如何用清晰的语言表达需求，如何通过迭代不断优化结果。与此同时，在与 AI 对话交流的过程中，我们自身也在不断思考如何实现目标需求，人与 AI 的协作，始终离不开人类自身的思考。AI 不是完美的工具，但它是一个可以不断培养和磨合的助手、合作伙伴，在 AI 时代，学会提示词工程，就像学会了一门如何“支配未来”的语言。用好它，便能释放出前所未有的创意潜能。

接下来，让我们把这些技巧应用到我们日常生活的实际场景中，探索 AI 工具在新媒体创作中的无限可能！

十一、用AI玩转社交媒体

经过思维上的蜕变和对各种 AI 工具的初步探索，我们终于要打开新世界的大门了！在这个信息爆炸的时代，社交媒体不仅是展示自我的舞台，更是连接世界的桥梁。而 AI，正是你在这场“社交游戏”中的超级助手。无论是朋友圈的个性文案，还是小红书的热门笔记，AI 都能帮你从海量内容中脱颖而出。接下来，我们将通过几个案例，一步步教你如何用 AI 玩转社交媒体。

1. 朋友圈：让你的日常闪闪发光

相信大家都有过在朋友圈分享生活趣事或是日常照片的时候，一不小心就容易发成“流水账”，在朋友圈中“泯然众人”……但现在有了 AI 工具的助力，一次普通的课后活动也能变成生动的“小剧场”，你可以高效又充分地展示生活，让朋友圈成为你个人风格的延伸！

（1）用 AI 讲好故事：文字与图片的“梦幻联动”

AI 时代，讲好一个故事已经不只是“写得好”那么简单了。生动的图片、精练的文案、巧妙的排版——这些元素相互配合，才能让你的故事更加出色，才能更好地展示自己。而 AI 的强大功能，正好能帮助你轻松驾驭这些技巧，让你的朋友圈、日记、校园公众号，甚至是小型自媒体，都能拥有专业级的呈现效果。

①文案优化：让你的表达更有感染力

你是不是有过这样的经历：写了一段文字，读起来感觉还行，但总觉得少了点“味道”。AI 文案优化工具可以帮你润色句子、调整语气，甚至根据不同风格进行改写，让你的文字更有吸引力。

举个例子，假设你刚刚去了一趟海边，兴奋地拍了许多美景，想发朋友圈记录这一刻。于是，随手写了这样一段话：

今天去了海边，风景很好，拍了很多照片，感觉很开心！

这个文案虽然传达了基本信息，但稍显平淡。如果让 AI 帮你优化，它会这样改写（这里以 DeepSeek 为示例工具，如图 4.5 所示）：

图 4.5　用 DeepSeek 优化朋友圈文案

只不过几秒钟，DeepSeek 就为你生成了多种风格各异的文案优化方案，相信经过你自己的雕琢，总有一款适合你的朋友圈。

②图文配合，看图说话

如果你觉得“写文案”还是有点难，不如换个思路——让 AI 来看图说话。

举个例子，假设你想发一张猫咪的照片，但一时不知道怎么配文，AI（此处工具为豆包）可以帮你生成多种风格的文案，如图 4.6 所示。

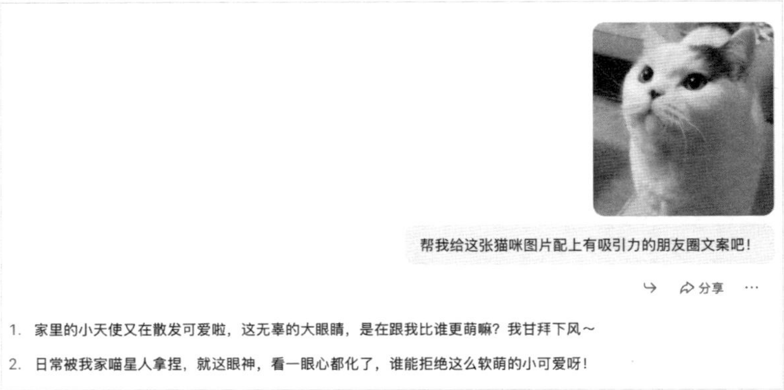

图 4.6　用豆包给猫咪图片编辑朋友圈配图文案

如果你还是觉得不够满意，可以进一步提出要求，继续优化，如图 4.7 所示。

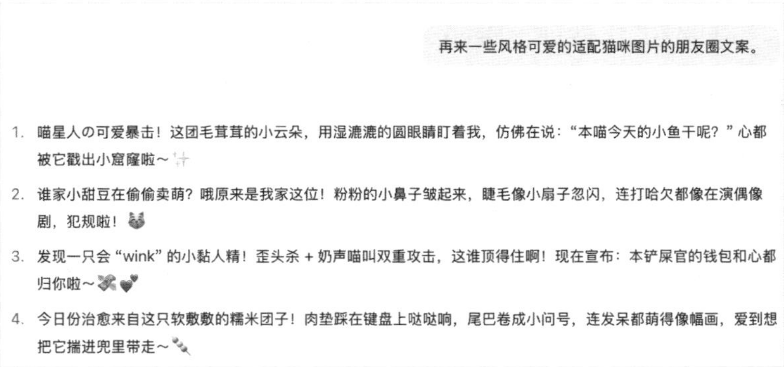

图 4.7　用豆包给猫咪图片优化朋友圈配图文案

是不是非常简单？相信你已经跃跃欲试了，不妨多尝试几次，看看你的提示词还能如何升级。也许你可以让 AI 的文案更加生动，或者加入更有趣的表达方式，让配图的风格更加符合你的个性。如果 AI 的初步生成结果不太理想，那就当作一个草稿，尝试告诉它：“可以换个幽默点的风格吗？”或者“能不能加个具体的故事，让内容更有感染力？”你会发现，每次调整，AI 都能越来越贴近你的想法，直到你得到你想要的作品！

③拓展玩法：让 AI 帮你创作更有趣的内容

AI 除了可以帮你优化文案、匹配图片，还能怎么玩？

AI 生成故事：如果你喜欢写故事，可以尝试用 AI 来辅助你拓展思维，用文字创造更多的表达可能，让朋友圈变成一个小型的“连载小说”发布平台！

AI 生成漫画：你可以用即梦 AI 把一张自拍照片变成漫画风图片，再配上一段精彩的文案，打造独特的“朋友圈小剧场”。

AI 语音助手：你甚至可以用 AI 语音工具让 AI 读出你的朋友圈内容，并辅助生成一段有趣的短视频，提升互动感！

AI 不仅仅是工具，它更像是你的“创意合伙人”，帮你把脑海中的灵感变成真实的作品。无论是优化文案、搭配图片，还是其他更有趣的AI创意玩法，掌握这些技巧，让你的朋友圈“闪闪发光”吧！

2. 用AI玩转小红书，做网络达人

除了微信朋友圈，想在小红书等其他社交媒体分享有趣的生活碎片，成为博主，收获点赞、粉丝？别以为只有专业团队才能做到，其实AI就是你最强的幕后助手，只要掌握正确的方法，AI可以帮你把平常的生活点滴用生动有趣的方式记录下来并分享，尝试打造自己的热门账号吧，用心经营自己的小天地，让更多人看到你的创作。接下来，我们就以小红书为例，手把手教你如何借助AI高效运营自己的社交媒体账号，成为网络达人。

（1）明确兴趣：找到你的内容方向

在开始运营之前，你需要先找到自己感兴趣的领域。毕竟，小红书的核心是“种草”，如果你不喜欢自己发的内容，很难坚持下去。AI可以帮你厘清思路，你可以直接问AI：

适合学生党做的小红书账号有哪些方向？

AI会给你列出适合学生党的内容方向，比如：

✧ 校园生活（学习笔记、考试经验、宿舍改造）

✧ 日常穿搭（平价好物、风格变换、OOTD分享）

✧ 数码科技（平价耳机推荐、AI工具测评）

✧ 二次元 & 游戏（番剧安利、cosplay、手游攻略）

找到感兴趣的领域后，你可以进一步让 AI 结合你的优势，帮你筛选确定最适合自己的定位。

（2）受众画像：搞清楚你的内容是给谁看的

小红书“笔记”不是写日记，先要搞清楚你的内容是给谁看的，是像你一样在努力学习、想找共鸣的同龄人，还是关注学生生活的家长或教师？不同的人，关注的点也不一样。

可以试着问 AI：

如果我分享学习日常，目标粉丝是谁？他们喜欢看什么？

你可能会得到这样的结论：

爱看学习类内容的，大多是希望提升成绩、寻找动力的同龄学生。他们关注的是：

✧ 如何提高效率

✧ 如何用对工具

✧ 如何安排时间

✧ 真实的学习日常

搞清楚这一点，你就可以在内容中加入更多细节，比如拍桌面布置、分享早起习惯、写点日常学习生活的真实感受，而不是只放成绩截图或者“打鸡血”语录。

（3）注册账号：让 AI 帮你取一个有记忆点的名字

账号名字是第一印象，能不能吸引人，全看它够不够有特色。如果你不知道取什么博主名，可以让 AI 帮忙：

比如，你可以对 AI 说：

我要做一个分享学习日常和校园生活的博主，帮我想几个账号名字，要轻松有趣一点。

AI 可能会给出以下建议：

学习 + 生活向 · 轻松有趣型

✧ 下课铃声比我甜

✧ 今日也在装学霸

✧ 文具控的自习日常

✧ 卷不动了但还在卷

✧ 没学明白但我写完了

✧ 校园小碎片收集员

这些名字听起来是不是很“学生气”？有记忆点，又不做作。除了名字，简介也不能忽略。它就像是你给陌生人的一句话自我介绍，最好要清晰、有个性。你可以直接让 AI 生成一条个性化简介，比如：

帮我写一个小红书博主简介，内容是分享英语学习高分经验，风格活泼有趣。

AI 可能会给出这样的文案：

✧ 中学生英语小达人 | 词汇语法不绕路！

✧ 分享提分技巧 + 背诵妙招 + 趣味表达

✧ 从 60 分到满分，我的秘诀都在这！

✧ 嘴上说着卷，手里全是干货！

这样的简介一眼就能看出你是谁，你在分享什么，而且语气轻松，更容易吸引同龄人关注。

（4）发布内容：一键生成热门笔记

内容是最重要的一环，很多人卡在这里，不知道怎么写小红书笔记，但豆包 AI 可以帮助你高效完成。首先在豆包网站找到相应的文案模板，如图 4.8 所示，点击“帮我写作”，再选择“小红书”。

图 4.8 豆包有各类文案模板

此时豆包就会提供一个模板，再点击“主题”，输入你希望发布的内容的主题，比如让豆包生成一篇主题为“探店”的小红书文案，而且还可以添加你想要的风格，如适当使用 emoji 表情包来增强吸引力和情感表达，确认提示内容并发送对话，就可以一键生成一条小红书风格的文案，如图 4.9 所示。

图 4.9　豆包生成“探店”主题的小红书文案

当然，你随时可以通过对话框调整和优化你的文案，这就是你充分发挥自己创造力的好机会。过去，想要成为一名自媒体博主，往往需要投入大量时间来研究账号定位、内容构思、表达优化，还需要时刻关注平台热点，实在是个“技术活”。但现在，有了 AI 的全程助攻，一切都变得简单又高效。

只要你有创意、有热情，AI 就能帮你快速上手，轻松打造属于自己的小红书“自媒体王国”。赶紧试试看，让你的账号闪闪发光吧！

3. 解锁 AI 创意玩法

还在发千篇一律的自拍或日常风景照？别担心，AI 能让你的照片、音乐、视频焕然一新，帮助你轻松打造独一无二的作品。现在，让我们一起来探索几个 AI 创意玩法，让你的朋友圈成为小型“艺术展”。

（1）AI 风格化

想象一下，你随手拍下的一张普通自拍照片，几秒钟后变成了一幅油画风格的肖像画，或者是一尊仿宋代白瓷的雕塑，甚至化身为动漫角色，这样的“魔法”并不遥远。

图 4.10　美图秀秀 AI 绘画能将照片一键风格化

许多 AI 工具可以让你的照片实现风格化转换，比如美图秀秀软件，它的 AI 玩法板块为用户提供了各种艺术风格滤镜，一键就能把照片变成漫画、橡皮泥、赛博朋克等不同风格，如图 4.10 所示。

但这类美图软件提供的AI风格化模板基本是一次性的，没办法进行进一步的调整，呈现的效果也不是每一次都理想。如果你想要更自由的玩法，比如调整画风细节、增加个性化元素，那么可灵 AI、即梦 AI 这些专业 AI 绘图工具会是更好的选择。它们不仅能一次性生成多张类似的图片供你挑选，还能让你在已有图片的基础上继续调整细节，让 AI 的“画笔”更听你的话。

以即梦 AI 为例，对上传照片进行“黏土人”风格化。使用即梦 AI，你可以在选择 AI 生成图片时导入参考图（图 4.11），你可以选择要参考的图片维度，比如主体、角色特征、风格等，或者直接选择“智能参考”。同时，你也需要自己去输入提示词以完成初次的图片生成。即梦 AI 为用户提供了数个生图模型，这几个模型各有所长，可以按需选择。但当选择“智能参考”时，默认选用“图片 2.0pro”生图模型，且图片比例与图片尺寸也将依据参考图而固定，如图 4.12 所示。（操作界面因设备、操作系统及软件版本不同而有差异。）

图 4.11　导入的参考图

图 4.12　即梦 AI 生成图片界面

经过短暂的等待，我们就可以来看看效果啦！即梦 AI 会根据提示词一次性生成四张照片供你挑选，选择较为满意的一张，可以进一步对图片进行调整与编辑，如图 4.13 所示。

图 4.13　即梦 AI 支持对图片的多次调整与编辑

选择最符合你的要求的那张图片之后，我们还可以作进一步的调整，即梦 AI 不仅提供 HD 超清、细节修复的编辑选项，还可以进行局部重绘以及扩图这样的“高级玩法”，这些都能很好地帮助你发挥想象力和创造力……甚至你还可以在图片的基础上生成视频、添加配乐，更多有意思的玩法等待你去探索。

（2）AI 换背景、AI 写真

拍了一张好看的照片，但觉得背景不够美，或者光线不够完美？ AI 修图能帮你轻松搞定。

① AI 换背景

相信每个人的手机相册里都会躺着一些背景杂乱或者单调的照片，总是让人觉得“差点意思”。有了 AI 工具，现在你可以将那些“废片”找出来，只需一键，就能把你从校园一角“传送”到海滩、雪山或科幻城市中……脑洞有多大，天地就有多广。

这是一张平平无奇的人物照片（如图 4.14 所示，照片由 AI 生成），校园场景有点无趣。AI 工具来帮忙，insMind 为用户提供了一些场景，比如雪山、体育场馆、海边……进入官网，选择 AI 背景功能，导入照片，选择你喜欢的场景，就可以成功替换照片背景，如图 4.15 所示。（操作界面因设备、操作系统及软件版本不同而有差异。）

图 4.14　校园场景中的人物照片

图 4.15 insMind 提供 AI 一键换背景功能

如今市面上有许多 AI 工具供你选择，每个工具所提供的服务都会有所不同，比如 Picsman，它可以根据不同主题更换背景，这种玩法在画面表达上会更有创意，也能满足更多样的需求，如图 4.16 所示。

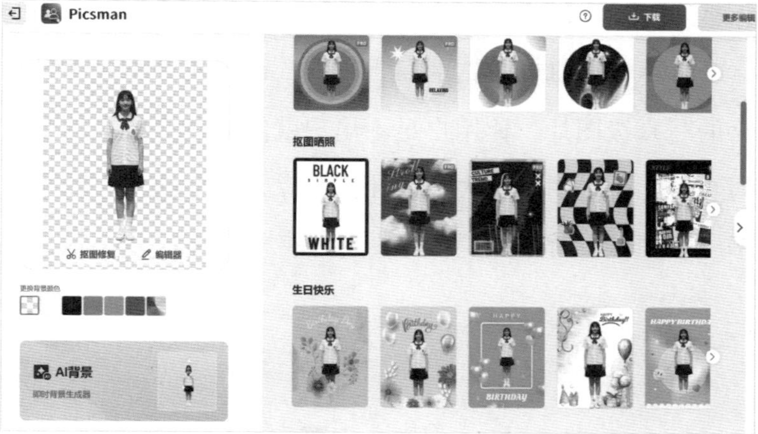

图 4.16　Picsman 根据不同主题生成背景

② AI 写真

想要摄影棚里精心打造的写真大片，想要拥有杂志封面级别的照片，AI 可以帮助你实现。现在，你只需要动动手指，上传几张照片，就能让 AI 帮你生成各种风格的写真，复古、赛博朋克、日系清新，通通安排！比如尝试手机星绘 App，它是由字节跳动推出的一款 AI 相机和写真生成应用。它的核心玩法是：用户输入 3—10 张面部照片，经由 AI 处理，获得一个以此外观为基础的 AI 分身，再为 AI 分身生成不同风格的写真照片。如图 4.17 所示，选择 AI 写真功能，选择“国风”风格，将图 4.17 左下方的人物照片变成“国风”写真大片（图 4.17 右下方）。（不同的设备、操作系统及软件版本，操作界面会有差异。）

星绘 App 具有丰富的写真模板，可以自动生成多种风格的写真级图片，让用户足不出户就能拥有高质量的个人写真。无论是朋友圈大片、社交头像，还是创意“玩梗”，AI 写真都能让你的形象更加百变有趣。

图 4.17　星绘 App 生成的“国风”写真照片

如果你希望对 AI 生成的写真照片进一步调整，推荐使用可灵 AI、即梦 AI 等更专业的 AI 绘图工具，它们可以为你提供更加精细的画面效果：

局部修改：让 AI 调整五官细节、头发、服装等。

自定义提示词：让 AI 更精确地理解你的需求，创造更符合你风格的写真。

高分辨率生成：让 AI 写真更加精致细腻，适用于更大尺寸的打印、海报等需求。

③ AI 作曲

除了视觉创意，AI 还能玩转音乐。想象一下，不用学编曲，不用绞尽脑汁写歌词，只需要整合一个个灵感碎片，你就能制作一首专属歌曲，这将是多么奇妙的体验！现在有了 AI 工具的协助，这一切都将变得轻而易举。

豆包的作曲功能非常适合新手，它不仅能帮你选择音乐风格、情绪、节奏，还会自动生成完整的歌曲，此处就以豆包为例向大家展示，如何一分钟搞定一首专属单曲。

打开豆包，点击对话框上方“音乐生成”这一选项，它就会为你提供一个模板，你可以选择自定义歌词，输入你创作好的歌词（豆包还提供 AI 优化歌词功能），或是决定歌曲的主题，将写歌词这一工作也交给豆包。风格是一首歌曲的灵魂，豆包提供流行、嘻哈、摇滚、R&B、民谣等多种选择。在选择好风格之后，你希望这首歌表达什么样的情绪？开心还是悲伤，怀旧还是浪漫，豆包都可以满足你。最后，选择男声或女声来演唱你的作品——没错，连歌手豆包都能帮你搞定。完成这一切后，按下确认键，发送指令，等待歌曲生成（如图 4.18 所示）。

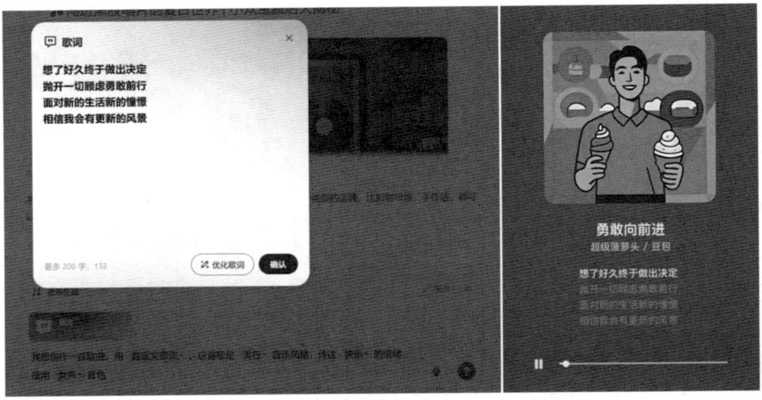

图 4.18　用豆包 AI 创作歌曲，并生成“音乐播放封面”

几乎只用了 1 分钟，豆包就制作好了一首将近 3 分钟的歌曲，还取好了标题（可以进行修改），甚至还可以为歌曲生成“音乐播放封面”。

十二、用AI轻松创作视频

在 AI 的帮助下，即使没有专业的视频制作技能，没有专业的视频制作团队，也可以尝试创作出高质量的视频。AI 能帮你完成从脚本撰写、剪辑、配乐到字幕生成的各个环节，让你一人就能“组建”一支专业的视频制作团队。

1. 组建你的 AI 团队

想要制作一个精彩的视频，首先要选择合适的 AI 工具。不同的 AI 工具擅长不同的任务，合理搭配，就能大幅提升创作效率。

目前有不少 AI 工具，既操作简单，又能高效完成视频制作的不同环节。以下是一些常见的 AI 工具及其擅长的领域（如表 4-1 所示），你可以根据自己的需求，自由搭配这些工具，打造属于你的 AI 视频创作团队！

表 4-1 视频创作所需的 AI 工具

任务	AI工具推荐	特点
脚本/文案创作	秘塔AI、DeepSeek	生成视频大纲、文案、短剧脚本
分镜头创作	即梦AI	生成AI分镜头示意图
AI语音配音	讯飞智作AI配音	提供自然流畅的AI语音
字幕自动识别	剪映、快影	一键自动生成视频字幕
AI剪辑工具	剪映、快影	提供智能剪辑和热门模板
AI特效	美图秀秀、可灵AI	AI风格化、滤镜、特效
AI配乐	豆包	自动生成符合情绪的背景音乐

2. 让 AI 为你工作

为了让你更直观地理解 AI 视频创作的流程，我们来看看几个典型案例。

（1）案例一：vlog

假设你将要去游览西湖，想要制作一个旅行 vlog，但又不想花太多时间，这时候 AI 可以帮你搞定大部分工作！

①生成 vlog 脚本

首先，你需要一个有逻辑的视频大纲，可以这样给 AI（此处以 DeepSeek 为例）提示：

帮我写一个旅行 vlog 的脚本，地点是西湖，包含风景介绍、美食推荐和个人感受，语气轻松有趣。以表格形式呈现。

如图 4.19 所示，AI 会输出一份完整的视频脚本，包括视频开头、中间和结尾的叙述，看起来不仅清晰有逻辑，还具有比较强的专业性，为你的 vlog 拍摄做了很好的规划。

帮我写一个旅行VLOG的脚本，地点是西湖，包含风景介绍、美食推荐和个人感受，语气轻松有趣。以表格形式呈现。

‹ 2/2 ›

已搜索到 49 个网页 ›

以下是一个关于杭州西湖旅行VLOG的脚本表格，包含风景介绍、美食推荐和个人感受，风格轻松有趣：

时间/场景	画面内容	旁白/台词	备注
开场（西湖全景）	无人机航拍西湖全景，湖光山色，苏堤、断桥等标志性景点依次出现。	*（欢快音乐）*“大家好！今天带你们逛杭州西湖，这个被无数诗人赞美的人间天堂！春天的西湖，桃红柳绿，美得像一幅水墨画~”1	可搭配轻快的背景音乐，突出自然美景。
断桥残雪	漫步在断桥上，镜头扫过湖面、游船和远处的雷峰塔。	“看，这就是传说中的断桥！虽然现在没有雪，但白娘子和许仙的故事让这里永远浪漫~ 1 对了，建议早上来，人少还能拍出超美的倒影！”	可加入一些游客互动的镜头，增加趣味性。
苏堤春晓	骑行或步行在苏堤上，两旁柳树摇曳，桃花盛开。	“苏堤真的太适合散步了！两公里的柳浪闻莺，随手一拍都是大片！3 而且这里还是本地人晨跑的热门地，空气超清新~”	可以拍摄一些慢动作镜头，展现春日氛围。
三潭印月	乘船靠近小瀛洲，拍摄湖中三座石塔。	“这三座小塔就是‘三潭印月’，中秋时能看到‘三十三个月亮’的奇观！1 虽然现在不是中秋，但坐在船上吹吹风，感觉整个人都放松了~”	可拍摄湖面波光粼粼的画面，搭配舒缓音乐。
美食环节：西湖醋鱼	在一家老字号餐厅（如楼外楼）品尝西湖醋鱼，特写鱼肉和酱汁。	“来西湖怎么能不吃西湖醋鱼！鱼肉鲜嫩，酸甜适中，还带点蟹味~ 2 6 据说这道菜连乾隆皇帝都赞不绝口！”	可加入咀嚼音效，增强代入感。
美食环节：龙井虾仁	镜头切换至龙井虾仁，茶叶与虾仁的搭配特写。	“龙井虾仁，茶香和虾鲜完美融合！5 听说用的都是西湖边的龙井茶，难怪这么清香~”	可拍摄茶叶冲泡过程，增加视觉吸引力。
美食环节：西湖藕粉	展示冲泡藕粉的过程，最终呈现一碗晶莹剔透的藕粉糊。	“西湖藕粉，杭州人的养生甜品！2 看，加凉水调开再冲热水，瞬间变糊状~口感滑滑的，甜而不腻，超适合当下午茶！”	可加入搅拌的特写镜头，突出藕粉的质地。
个人感受（湖边日落）	坐在湖边长椅，镜头从人物背影拉远，展现夕阳下的西湖。	*（语气舒缓）*“逛了一天，终于可以静静欣赏西湖的日落了……这里的美，不仅仅是风景，更是一种生活态度。慢下来，才能真正感受到它的诗意。”3	可搭配柔和的背景音乐，营造宁静氛围。
彩蛋：园林版《牡丹亭》	拍摄龙井草堂的园林景观，穿插戏曲表演片段（如有）。	“意外发现这家餐厅晚上有园林版《牡丹亭》！一边吃美食，一边听昆曲，简直太有江南韵味了~ 7 可惜今天没赶上，下次一定要来体验！”	可提前查询演出时间，如能拍摄实景更佳。
结束语（雷峰塔夜景）	雷峰塔亮灯，镜头缓缓拉远，西湖夜色尽收眼底。	*（微笑挥手）*“今天的西湖之旅就到这里啦！如果你们也来过西湖，记得在评论区分享你的故事~下次带你们探索更多好吃好玩的地方，拜拜！”	可加入一些花絮片段，如骑行、自拍等，增加亲切感。

图 4.19　用 DeepSeek 帮助创作视频脚本

②录制素材与 AI 配音

按照 AI 生成的 vlog 脚本，你拍摄好了相应的素材，就可以进入下一步了。如果不想自己出镜，可以让讯飞智作 AI 配音来朗读你的解说词，甚至用 AI 克隆你的声音，让解说更有个人特色，如图 4.20 所示。

图 4.20　讯飞智作 AI 配音

③ AI 字幕与智能剪辑

录制完视频后，要对视频进行添加字幕、剪辑等，此处以电脑版剪映为例（操作界面会因设备、操作系统及软件版本的不同而有差异，在实践中需要自己逐步去探索）。将录制好的视频导入剪映，选择“智能字幕”功能，AI 就可以自动识别语音并生成字幕，如图 4.21 所示。剪映还能进行智能剪辑，如选择上方工具栏中“智能包装”，就可以让 AI 自动剪辑，智能匹配字幕、音效、转场和特效，一键完成初步编辑，如图 4.22 所示。此外，剪映还有许多视频模板，如旅行、运动、美食 vlog 模板，可以供你参考使用。你也可以尝试剪映手机版“AI 剪视频”功能，完成初步创作。当然，还有许多更有趣、丰富的功能，你可以依据自己的创意、想法在实践中不断探索。

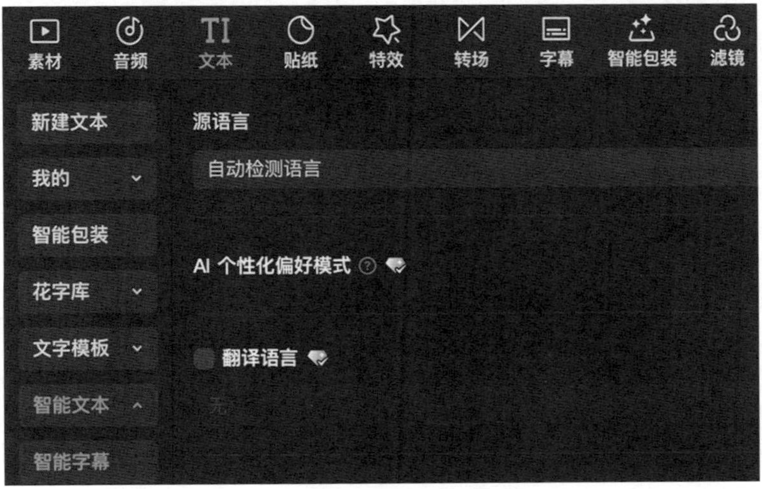

图 4.21　剪映 AI 自动识别语音生成字幕

图 4.22　剪映 AI 智能剪辑

④ AI 特效与配乐

为了让视频更有氛围感，可以使用剪映的“特效”功能，有很多画面、人物特效值得尝试。当然，你也可以试试美图秀秀等软件里的特效，尝试不同的风格，更丰富的玩法。此外，需要给视频配上一段背景音乐，可以导入一段你喜欢的音乐，或者直接用剪映“AI 音乐”功能生成背景音乐，如图 4.23 所示。甚至，你还可以用豆包 AI 作曲生成符合旅行氛围的背景音乐。最终，你只需调整细节，就能快速高效地完成一个高质量的旅行 vlog！

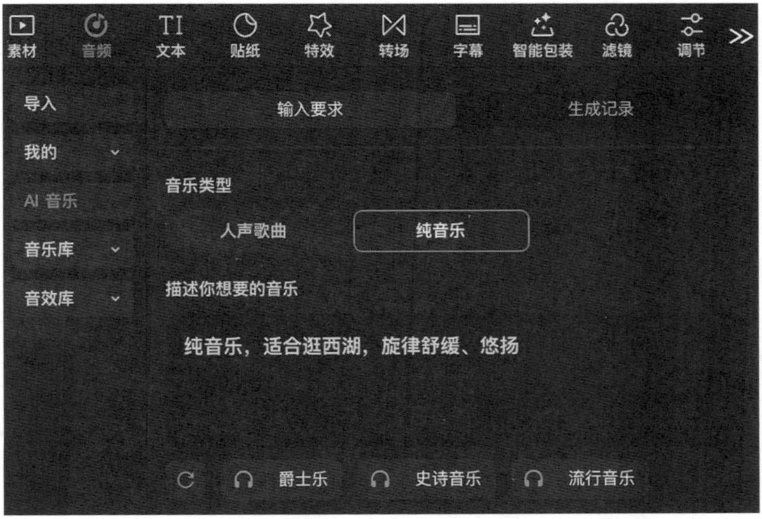

图 4.23　剪映 AI 音乐

（2）案例二：短剧 / 热点短视频

短剧，正在成为短视频平台上的“流量密码”，特别是在抖音、小红书等平台，几分钟的精彩剧情，搭配紧凑的剪辑和出人意料的反转，总能吸引无数点赞。如果你也想拍一部爆款短剧，但苦于没有经验、不懂剧本、不擅长剪辑，别担心，AI 就是你的全能助理！

① AI 写剧本，轻松搞定剧情创意

不知道怎么构思剧情？直接让 AI（以 DeepSeek 为例，如图 4.24 所示）来帮忙！比如，你可以这样给 AI 下指令：

帮我写一个 2 分钟的短剧，主题是“考试前的戏剧性时刻”，剧情幽默，最好有个神反转！

考试前神反转幽默短剧

帮我写一个2分钟的短剧，主题是‘考试前的戏剧性时刻’，剧情幽默，最好有个神反转！

《考前神反转》
（2分钟校园短剧）

人物：

- 小明：学渣，表情夸张
- 小红：学霸，淡定从容
- 老师：严肃但最后破功

场景： 教室，考试前1分钟。

小明（抓狂翻书）：“完了完了！牛顿第三定律是啥？苹果砸头还是头砸苹果？！”

小红（淡定递小抄）：“给，最后一分钟友情赞助。”

小明（感动涕零）：“小红！你是我亲姐！考完请你吃辣条！”

（老师突然出现在身后，冷笑。）

老师：“哦？辣条加我一个？”

（小明僵住，小红突然举手。）

小红：“老师，这是我写的《防作弊宣传剧本》，刚找小明排练呢！”

老师（翻看“小抄”，恍然大悟）：“‘考试诚信守则’？……不错，下周一班会表演！”

小明（瘫倒）：“……剧本里可没这反转啊！”

图 4.24　用 DeepSeek 创作短剧剧本

几秒钟后，AI 就会自动生成一份完整的剧本，包括人物对白、场景描述，甚至连反转点都安排得明明白白。

② AI 分镜头——让拍摄更有条理

有了剧本，接下来要考虑怎么拍。可灵 AI、即梦 AI 等工具可以帮助你生成每个场景的分镜头示意图，让你清楚知道每一幕该怎么拍、怎么走位，避免拍摄时手忙脚乱。这里以即梦 AI 为例。在即梦 AI 首页找到“AI 视频 – 故事创作”板块进入，再选择你想要的分镜头比例以及生成分镜头的方式，如图 4.25、4.26 所示。

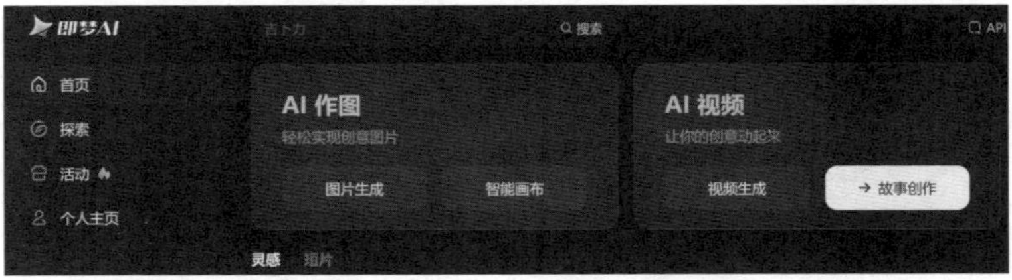

图 4.25　即梦 AI“AI 视频”功能界面（局部）

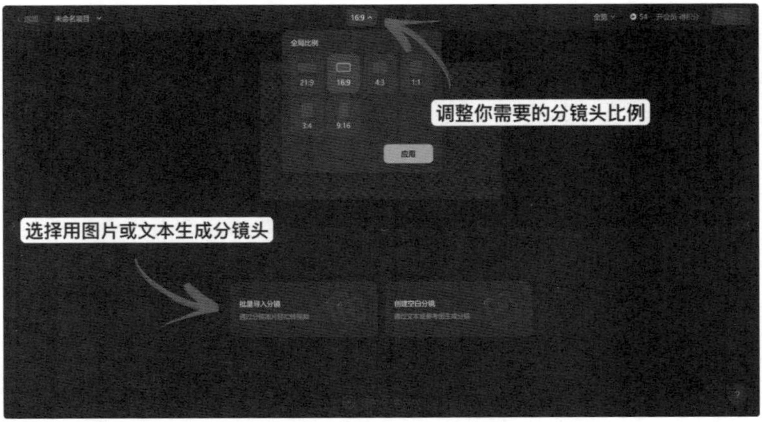

图 4.26　即梦 AI 可调整分镜头比例及生成方式

输入你想生成的分镜头的提示词，按照需求调整参数和生成模型，还可以上传自己已有的素材。接下来，你就可以“模拟”拍摄效果作为自己录制视频的参考了，如图4.27所示。

图 4.27　即梦 AI 根据提示词生成分镜头

分镜视频生成后，可以选择时间线视图，你可以直观地看到每一个分镜的先后顺序和时长，如有需要，还可以延长视频或补帧，如图4.28所示。这样设计分镜是不是非常清晰？你只要跟着分镜拍，就能像导演一样把剧本拍得节奏鲜明、画面流畅，还能控制拍摄时长，保证剧情完整不混乱！

图 4.28　即梦 AI 可选择时间线视图

③ AI 配音，角色多也不用慌

如果你的短剧需要多个角色，但你不想一人分饰多角，AI 配音可以帮你解决这个问题。使用讯飞智作 AI 配音，你可以选择不同风格的语音，比如幽默、激昂、严肃，让对话更生动有趣，甚至可以用 AI 生成一个虚拟主播，直接为你朗读台词。

④ AI 剪辑，剪出“大片感”

拍完素材后，别急着动手剪辑，AI 可以大大减少工作量。比如，将视频导入剪映，选择一个热门模板，AI 会自动帮你剪辑，甚至还能根据剧情自动匹配背景音乐，省时又高效。

⑤ AI 特效，让短剧更吸睛

想让短剧更有趣、更出圈？试试 AI 特效！你可以用美图秀秀或可灵 AI 添加创意效果，比如用 AI 进行变装，一键换上古装、制服、潮流穿搭，演什么像什么！ AI 漫画化，让你的短剧变成二次元风格，吸引更多观众。

有了 AI 助力，不需要专业团队、复杂设备，就能轻松打造一部有趣的短剧。只要有创意，AI 就能帮你实现，让你从“短剧小白”秒变“编剧 + 导演 + 剪辑师”，快试试看吧！

此外，热门短视频赛道 AI 也能带你闯进去！想必你应该刷到过一些带有 AI 效果的热门视频。其实生成这样一个视频也很简单，比如，用 GoEnhanCe AI 就可以一键生成特效视频，有趣的特效使视频更具吸引力，如图 4.29 所示。

图 4.29 GoEnhanCe AI 一键生成特效视频

十三、数字人与元宇宙

1. 尝试制作你的数字分身

数字人，就是你在虚拟世界中的“分身”。不同于简单的卡通形象，借助 AI 技术，数字人能够模仿人类的面部表情、动作甚至语音，与现实中的你几乎无异。在数字时代，虚拟偶像和 AI 主播正逐渐走入大众视野，成为科技与文化融合的典范。比如，洛天依作为中国首位虚拟歌手，自 2012 年出道以来，就凭借其独特的魅力风靡网络。她的形象设计融合了中国传统元素与现代审美，声音甜美动人，能够演绎多种音乐风格。洛天依不仅在音乐领域表现出色，还积极参与各类商业合作和公益活动，成为新一代虚拟偶像的代表。她通过社交平台与粉丝互动，举办线上线下演唱会，甚至在上海杜莎夫人蜡像馆拥有了自己的蜡像，进一步拉近了与粉丝的距离。洛天依的成功，体现了虚拟偶像在现代文化产业中的巨大潜力。

正如“洛天依”在虚拟偶像领域的成功，数字人不仅为娱乐圈带来了新生力量，更在新闻播报、广告代言等多个领域展现出惊人的魅力。近年来，新华社与搜狗公司合作，推出了全球首位 3D 版 AI 合成主播“新小微”。“新小微”以新华社记者赵琬微为原型，通过超写实3D数字人建模、多模态识别及生成、实时面部动作生成及驱动等技术，实现了高度逼真的新闻播报。这位AI主播能够24小时不间断地播报新闻，以流畅自然的表达和精准的数据支持，为观众提供高质量的新闻播报服务。AI合成主播的应用不仅提高了新闻播报的效率，还为整个媒体行业带来了全新的发展方向。

看到这里，你是不是觉得数字人离我们很远，毕竟洛天依有专业团队打造，AI主播的背后是新华社的技术支持。但别急，好消息是——你也可以拥有自己的数字分身，而且过程其实很简单。

如果你想拥有酷炫的数字分身，国外的如Ready Player Me软件，这款工具能根据照片自动生成3D形象，还能一键导入各种元宇宙平台，让你的虚拟形象在不同的数字世界中“漫游”。国内的数字人制作工具也在日益发展，如即梦AI、剪映等。即梦AI数字人，可以根据你导入的人物图片（图4.30中的人物图由AI生成），生成相应的数字人。你也可以选择自己的照片，定制数字人形象。即梦AI还能根据你导入的动作参考视频，或者选用即梦AI自带的参考视频，进行动作模仿，让数字人动起来，如图4.30所示。如果需要数字人开口说话，则可以选择“对口型”功能，输入需要数字人讲的文字，选择音色、说话速度等，如图 4.31 所示。

图 4.30 即梦 AI 数字人动作模仿

图 4.31 即梦 AI 数字人对口型

了解了基本操作后，你也可以整合上文介绍的其他 AI 工具，如用 DeepSeek、豆包帮助创作文案，用美图秀秀、即梦 AI 等将图片风格化（如黏土人等），综合、灵活运用，探索更丰富的数字人玩法，定制自己的“专属数字人”。你甚至可以让你的“专属数字人”直接“出道”，用自己的虚拟形象开直播，成为一名 VTuber（虚拟主播）。不用化妆，不用担心在镜头前紧张，你的虚拟分身会替你在屏幕前活力四射地表达自己——这是不是很酷？

2. 元宇宙——虚拟空间的奇妙体验

还记得那些科幻电影里，人们戴上设备就能瞬间穿越到另一个世界的场景吗？这曾经只是幻想，如今却正在变成现实。元宇宙，这个听起来未来感十足的概念，正以惊人的速度走进我们的生活，重塑我们对娱乐、艺术、社交乃至工作方式的认知。

想象一下，你坐在客厅的沙发上，轻轻戴上 VR 设备，瞬间置身于一场灯光璀璨的演唱会，与来自世界各地的乐迷一起欢呼呐喊；或者，你踏入一座顶级博物馆，近距离欣赏达·芬奇的手稿和凡·高的画作，甚至还能与 AI 版的达·芬奇“对话”，听他亲自讲述《蒙娜丽莎》的创作故事。这不是天方夜谭，而是元宇宙正在为我们打开的大门。

在元宇宙里，音乐会不再受限于现实世界的舞台，甚至可以直接搬进游戏。2020 年，美国说唱歌手 Travis Scott 在热门游戏《堡垒之夜》中举办了一场虚拟演唱会——“Astronomical”。在这场演出中，Travis Scott 以巨人般的形象降临游戏世界，周围是绚丽变幻的星空、飘浮的舞台，甚至还有玩家随着音乐节奏飞向宇宙。整个演唱会吸引了 2800 万玩家观看，堪称音乐与游戏融合的里程碑。

为什么这么多人愿意涌入一场“虚拟”的演唱会？除了炫酷的视觉体验之外，玩家们还可以在这里随意奔跑、跳跃，和朋友们一起欣赏演出。这种打破现实规则的自由感，是线下演唱会无法提供的。可以说，元宇宙正在彻底改变音乐行业的呈现方式。

如果说虚拟演唱会让音乐跨越了现实与虚拟的界限，那么元宇宙中的数字展览，则让艺术以全新的方式触达每一个人。首钢一高炉 · SoReal 科幻乐园是由当红齐天集团打造的国家级元宇宙项目，它不仅保留了北京首钢园区的工业风貌，还融入了 5G、AR、VR 等前沿技术，让游客能在虚拟与现实交错的世界中漫游。从欣赏虚拟艺术展，到体验高科技互动游戏，这里为参观者带来了前所未有的感官冲击。元宇宙中的展览，突破了物理世界的限制，让人们能够随时随地穿梭于全球顶级的艺术殿堂。或许未来，我们可以直接“走进”一幅画中，亲身感受凡·高的《星空》如何在我们身边流动；又或者，我们可以化身一个原子，潜入微观世界，探索物质的奥秘。

数字人和元宇宙的结合，正以前所未有的方式重塑着我们的媒体生产。然而，技术的迅猛发展也带来了新的挑战。元宇宙为媒体行业提供了全新的传播方式，但也对现有的传播框架提出了挑战。目前，许多媒体仅仅是在传统传播模式中嵌入元宇宙技术元素，缺乏对整体传播体系的重构。要真正实现媒体深度融合，需要在组织形态、内容生产和分发机制上进行创新，适应元宇宙带来的去中心化、沉浸式等特性。

当数字人与元宇宙的浪潮席卷而来，我们的娱乐和社交方式早已悄悄发生了变化。虚拟与现实的边界正在被一点点模糊。未来，我们或许不再只是社交媒体的“点赞党”，而是直接化身为虚拟世界的一员，用数字分身去演出、交流，甚至探索未知的数字空间。到那时，你的朋友不再只是现实中的熟人，而是来自全球各地的“数字旅人”，你们在元宇宙里开派对、逛展览、看演唱会，甚至还能联手创作属于自己的虚拟世界。数字人与元宇宙并非遥远的未来，而是正在发展的现在。或许，再过几年，我们的线上生活将比现实世界更加丰富，而你的“第二人生”——那个由你亲手塑造的数字分身，可能比你想象中更具影响力。

十四、AI伦理：AI工具虽好，可不要乱来

在 AI 广泛参与内容创作的时代，伦理问题成为绕不开的话题。首先是原创性的问题。AI 生成的内容是否可以算作原创？谁应该拥有版权？目前，各国法律对此尚未形成统一规定，但可以确定的是，AI 创作仍然需要人的输入与指导，因此“人机共创”可能是更合适的定义。

其次是透明度与归属问题。当我们在社交媒体、新闻网站甚至学术论文中看到一篇文章或一幅图像时，我们能否准确辨别其是否由 AI 生成，如果不能，这是否会引发信息的可信度危机。因此，一些机构开始推动“AI 水印”技术，以标记 AI 生成的内容，但这仍然面临诸多技术与道德上的挑战。

另外，AI 生成内容可能涉及偏见与误导。例如，训练数据的选择会影响 AI 的创作结果，如果数据本身带有偏见，

AI 的作品可能会放大这种偏见。此外，AI 可以轻松生成虚假信息，例如“深度伪造”（Deepfake）技术，可能会被滥用于政治操控或诈骗。

AI 的创作能力在不断提升，这不仅提高了内容生产的效率，也带来了审美上的同质化问题。AI 擅长分析大量历史数据，生成符合大众口味的作品，但这种优化的结果往往是趋同的——无论是文学、音乐还是视觉艺术，AI 创作的内容在一定程度上迎合了市场最广泛的审美偏好，却缺乏个性与突破。

此外，AI 工具的“内卷化”也是一个显著现象。如今，创作工具的门槛越来越低，从文本生成到视频编辑，AI 几乎可以替代人类完成整个流程。但这也导致了“内容爆炸”，信息流充斥着大量相似甚至千篇一律的作品。在这样的环境里，真正具有独创性的内容反而更难被发现。

未来，如何在 AI 辅助创作的同时保持艺术的独特性？一方面，创作者可以尝试结合 AI 的能力进行跨界创新，而非仅仅依赖 AI 复制已有模式；另一方面，社会需要发展新的审美标准，鼓励非主流、非平均化的个性化创作。

后 记

技术只是手段，人才是目的

以媒介的眼光来审视，人类文明的发展史就是人类与媒介技术相互建构的“共生史”。任何一种媒介技术的出现，人类都曾经抱以怀疑的态度，生怕这种新出现的技术会破坏人们习以为常的生活。但随着对新技术的应用越来越广泛，人类对技术的认识也会越来越深入，态度也会越来越宽容，逐渐适应并直至依靠这种技术，形成了新的生活方式。直到再一次出现某种创新性的技术，人类又会再一次进入这种循环之中。

每一代媒介技术的出现，都会深刻影响人类社会的面貌。AI 作为一种全新的技术，自出现之后就引发了高度关注。AI具有强大的媒介能力，能够帮助完成之前需要大量复杂劳动才能完成的工作，从作文、绘图、视频到编程，AI几乎无所不能。但作为一种工具，它又必须牢牢掌握在人的手里。因此，掌握它的人和接触它的人都应当具有较高的媒介素养。

所谓媒介素养，本质上就是指对媒介的理解、掌握和熟练运用的能力。在不同的媒介时代，对媒介素养的要求应该是不一样的。正如在文字媒介时代，一个人如果能熟练运用文字媒介，比如会写一手好字，能创作诗词歌赋等，就会被认为是“有文化”的，从而在社会上获得较高的认可度。AI时代同样如此，一个人对AI技术的认知程度，对风险的预判能力，对AI工具的掌握程度以及适应AI主导的社会变化的能力等，构成了AI时代媒介素养的要求。而这本书，主要就是试图帮助青少年读者提升AI时代的媒介素养，以使他们适应即将到来的AI时代。

变化是媒介社会的必然，不变的是对人性价值的坚守。这本书在试图提升青少年媒介素养的同时，还试图告诉年轻的读者朋友，在任何时候，都不要忘记善用工具，要成为工具的主人，而不是被工具所左右，始终要记住的是，人才是目的，技术只是手段，技术是为人所掌握并为人服务的。即使“人机共生”已经成为现实，但其目的依旧是为了让人生活得更好。

本书在写作过程中，得到了红旗出版社的大力支持，感谢红旗出版社社长、总编辑蔡李章，副总编辑赵洁的鼓励，感谢团队成员闫忻忻、刘晴晴、刘嘉怡、朱芷萱、徐馨懿、王振海等同学，你们为这本书付出了辛勤的努力！

在人工智能和媒介技术飞速发展的今天，要完成一本关于媒介素养的书籍，还需要不断调整认知，更新内容，本书难免也存在一些疏漏，期待未来再版修订，敬请读者谅解并予以指正。

图书在版编目（CIP）数据

AI时代青少年媒介素养 / 李晓鹏著 . -- 北京：红旗出版社，2025. 7. -- ISBN 978-7-5051-5495-7

Ⅰ . G206.2-39

中国国家版本馆CIP数据核字第2025BV2626号

书　　名	**AI时代青少年媒介素养** AI SHIDAI QINGSHAONIAN MEIJIE SUYANG		
著　　者	**李晓鹏**		
策　　划	蔡李章	策划统筹	赵　洁
责任编辑	郑梦祎	责任校对	马瑞霞
责任印务	金　硕	校　　对	周诗佳
封面设计	高　明		
出版发行	红旗出版社		
地　　址	北京市沙滩北街2号	邮政编码	100727
	杭州市体育场路178号	邮政编码	310039
编 辑 部	0571-85310806	发 行 部	0571-85311330
E-mail	hqcbs@8531.cn		
法律顾问	北京盈科（杭州）律师事务所　钱　航　董　晓		
图文排版	浙江新华图文制作有限公司		
印　　刷	浙江新华印刷技术有限公司		
开　　本	889毫米×1194毫米　1/32		
字　　数	130千字	印　　张	7.375　　插页　2
版　　次	2025年7月第1版	印　　次	2025年7月第1次印刷
ISBN 978-7-5051-5495-7		定　　价	35.00元